JEAN DAULLÉ

CATALOGUE RAISONNÉ

DE

L'ŒUVRE GRAVÉ

DE

JEAN DAULLÉ

D'ABBEVILLE

PRÉCÉDÉ D'UNE

NOTICE SUR SA VIE ET SES OUVRAGES

PAR

Em. DELIGNIÈRES

Avocat, Membre de la Société d'Emulation d'Abbeville et de la
Société des Antiquaires de Picardie

Extrait des MÉMOIRES *de la Société d'Emulation d'Abbeville*

PARIS

RAPILLY, LIBRAIRE ET MARCHAND D'ESTAMPES

Quai Malaquais, 5

1873

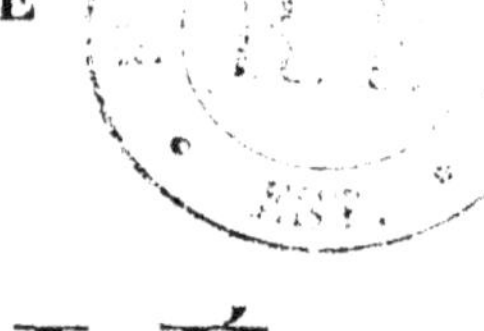
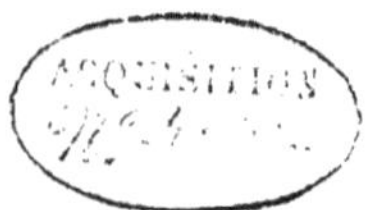

AVANT-PROPOS

La Société d'Emulation a bien voulu publier dans ses *Mémoires* (1), il y a quelques années, le CATALOGUE RAISONNÉ DE L'OEUVRE GRAVÉ DE J.-CH. LE VASSEUR, un de nos maîtres abbevillois, peut-être jusque là trop peu connu et estimé.

Ce premier essai, qui me valut, de la part de plusieurs de mes collègues, des conseils et des encouragements dont je les remercie, m'engagea à continuer des recherches souvent difficiles, mais toujours remplies d'attrait et d'intérêt pour moi, sur les productions de nos principaux graveurs.

Je viens aujourd'hui présenter à la Société d'Emulation le CATALOGUE RAISONNÉ DE L'OEUVRE DE JEAN DAULLÉ, l'un de nos artistes les plus féconds et les plus recommandables, qui s'est distingué surtout dans le genre du portrait.

(1) Années 1864-1866, 2ᵉ partie.

Pour la partie biographique, je n'ai pas eu, comme pour Le Vasseur, la ressource des renseignements fournis par des parents ou conservés dans les souvenirs, car la famille de Daullé est éteinte depuis longtemps. J'ai compulsé les divers ouvrages qui pouvaient me fournir des indications sur sa vie et ses œuvres, et j'ai essayé en même temps de retrouver les traces de sa famille à Abbeville au xviie siècle. Au surplus, c'est plutôt l'œuvre par elle-même du maître qui forme l'intérêt d'un travail de cette nature; c'est là qu'il faut chercher l'artiste, et c'est par-là surtout qu'il est important de le faire bien connaître.

La bibliothèque d'Abbeville possède une notable partie des estampes de Daullé, données pour la plupart par l'un de nos concitoyens les plus dignes de mémoire, feu M. Morel de Campennelle, un des membres fondateurs de la Société d'Émulation, connu pour ses nombreux travaux, ses études littéraires et son érudition. Cette collection m'a été communiquée, à différentes reprises, par les soins toujours empressés de M. Marcotte. J'ai vu aussi à Paris, à la bibliothèque de la rue Richelieu, un certain nombre de pièces peu connues que M. Georges Duplessis, bibliothécaire du cabinet des estampes, a mis obligeamment à ma disposition; j'ai pu trouver encore des indications utiles dans de nombreux catalogues de vente que M. Vignères, marchand d'estampes à Paris, a bien voulu m'adresser régulièrement.

J'ai eu aussi cette bonne fortune de me trouver en relations, depuis la publication de mon travail sur Le Vasseur, avec un homme d'un esprit distingué et d'un goût sûr, M. Henri Vienne, capitaine au 4e chasseurs à cheval, actuellement à Tarascon, qui a fait une étude complète de l'école artistique du xviiie siècle. M. Vienne a bien voulu s'intéresser à mes travaux, m'encourager de ses conseils et me donner à plusieurs reprises, avec une complaisance dont je me plais à le remercier ici, des renseignements utiles et précieux sur plusieurs de nos graveurs et notamment sur Daullé.

J'ai déjà recueilli des notes en plus ou moins grand nombre sur presque tous nos maîtres abbevillois; je me propose de les compléter autant qu'il me sera possible, pour publier au fur et à mesure les œuvres de nos principaux graveurs, ainsi que je l'ai commencé par Le Vasseur, pour continuer bientôt, après Daullé, par les Aliamet. Seulement, il ne faut pas se le dissimuler, les indications biographiques font parfois défaut; les recherches sont difficiles pour certaines pièces devenues très-rares, des omissions peuvent se glisser dans des travaux de cette nature, malgré les soins qu'on peut y apporter : aussi, qu'il me soit permis de faire appel ici à toutes les personnes qui s'occupent d'iconographie, à ceux de nos concitoyens qui se rattachent plus ou moins directement aux familles de nos graveurs, à tous ceux enfin qui peuvent s'intéresser à cette revue de nos illustrations par le burin, en les priant de vouloir bien me communiquer leurs observations, les rectifications qu'ils pourraient avoir à faire, tous les renseignements biographiques et autres pouvant se rattacher à nos graveurs. Il me sera ainsi plus facile de faire revivre en quelque sorte le nom, les œuvres et le souvenir de ceux qui ont su donner à Abbeville, dans le cours du xviiie siècle, le troisième rang parmi les villes de France dans cette branche spéciale des arts du dessin.

Mai 1872.

NOTICE BIOGRAPHIQUE

DAULLÉ

Daullé est né à Abbeville au commencement du
xviiie siècle, mais les biographes ne sont pas d'accord
sur la date exacte de sa naissance que les uns placent
en 1703, d'autres en 1704, en 1706, en 1709 ; sa veuve,
dans la notice publiée en tête d'un recueil de quelques
œuvres de son mari, le fait naître en 1711.

En présence de ces documents contradictoires, nous
n'aurions pas osé nous prononcer d'une manière défi-
nitive ; mais en faisant des recherches dans les registres
aux baptêmes soigneusement conservés et répertoriés
à la mairie, et qui nous ont été obligeamment communiqués par feu M. Dequen et par M. Delacourt, nous
avons été assez heureux pour trouver l'acte même de
baptême de Daullé. Nous le transcrivons ici textuellement :

Paroisse de Saint-Georges.

*Le 18 mai 1703, naquit à 11 heures du soir, et le 20ème
du même mois fut baptisé, Jean, fils du légitime mariage de
Jean Daullé, orfèvre, et d'Anne Dennel son épouse.*

Le mariage des parents avait eu lieu en 1702.

D'après son acte d'inhumation, rapporté dans l'ouvrage de M. Jal, Daullé est mort le 23 avril 1763, âgé, y est-il dit, de cinquante-huit ans, ou environ. Cette indication ferait placer sa naissance à l'année 1705, mais les amis du défunt, qui ont signé cet acte, ont pu se tromper d'une année ou deux sur son âge dont ils n'étaient pas d'ailleurs autrement certains, puisqu'ils ont fait mettre *ou environ*. La veuve Daullé elle-même s'est bien trompée de huit années! aucun doute n'est donc possible, et cette date de 1703 est la seule exacte.

Daullé, qui était, comme on le voit, l'aîné des enfants, eut un frère qui fut baptisé le 5 janvier 1712, aussi à la paroisse Saint-Georges, sous les noms de Pierre-François. M. Ernest Prarond, dans son ouvrage si intéressant et si complet sur la topographie d'Abbeville (tome Ier, page 492), nous apprend que le graveur Daullé est né dans la rue des Lingers (alors rue du Puits-à-la-Chaîne), mais on ignore dans quelle maison (1).

(1) J'ai cherché aussi à retrouver les traces de sa famille, ou tout au moins du nom, dans divers documents locaux. Ainsi, dans un registre manuscrit de la collection de MM. Delignières de Bommy et de Saint-Amand, contenant des extraits d'actes, et qui m'ont été obligeamment communiqués par notre savant compatriote, M. Ch. Louandre, au nom des héritiers de M. de Saint-Amand, je remarque plusieurs fois le nom de Daullé se rapportant précisément à des personnes demeurant sur la paroisse Saint-Georges : or, nous savons, par l'ouvrage de M. Prarond, que les parents de notre graveur demeuraient dans la rue des Lingers qui était comprise dans la circonscription de cette paroisse, et lui-même a été baptisé à Saint-Georges. On peut donc

Jean Daullé montra, paraît-il, dès son enfance, de grandes dispositions pour les arts, et reçut à Abbeville, à l'âge de quatorze ans, les premières notions de la gravure d'un religieux appartenant à l'ordre de Cluny, Dom Robart, du prieuré de Saint-Pierre d'Abbeville. Il savait déjà passablement manier le burin, nous dit Mariette, quand il vint à Paris, ce centre de toutes les études en général et surtout peut-être en matière d'art. Notre jeune artiste entra dans l'atelier de son compatriote Robert Hecquet pour se perfectionner tant dans

supposer avec quelque vraisemblance que ces personnes du nom de Daullé, qui ont figuré dans plusieurs actes des XVIᵉ et XVIIᵉ siècles, faisaient partie de cette même famille.

Je vois figurer notamment dans un acte passé devant François Descaules, du 12 mars 1597, H. H. Robert Daullé, bourgeois marchand en cette ville d'Abbeville, paroisse Saint-Georges. Il est mentionné encore dans un acte du 8 décembre 1599, passé devant le même officier public; de même en 1602, en 1610 et en 1620. Le 7 juin 1628, Robert Daullé laisse par son testament devant Daniel Dacheux, à Robert Daullé, son fils aîné, héritier, sa maison qu'il occupe, etc.

A cette époque, les familles bourgeoises demeuraient souvent pendant de très-longues années dans la même maison, et les descendants d'un marchand continuaient souvent le même commerce dans la maison de famille venant de leurs ancêtres; on peut donc croire que Daullé, né rue des Lingers, sur la paroisse Saint-Georges, était issu de cette famille d'honorables bourgeois et marchands qui avaient bien longtemps demeuré sur cette même paroisse.

Dans la notice qui contient le règlement adopté pour la Société d'Emulation dans la séance de fondation du 11 octobre 1797, on trouve le nom de M. Daullé parmi les fondateurs.

Telles sont les seules indications que j'ai pu recueillir sur les personnes du nom et peut-être de la famille de notre graveur.

l'art du dessin que dans celui de la gravure (1).

Hecquet montra pour le jeune Daullé une sollicitude toute particulière; il le nourrit dans sa maison, lui donna des leçons, et lui fit graver, nous dit Mariette, d'assez grandes planches de Thèses, d'après les dessins de différents maîtres de l'époque. Nous n'avons pu, à notre regret et malgré nos recherches à Paris à

(1) Hecquet est connu autant par ses ouvrages sur les graveurs et par ses catalogues, notamment celui des *estampes gravées d'après Rubens*, et celui de *François de Poilly* (1), que par ses gravures; il était plutôt marchand-éditeur d'estampes et expert que graveur à proprement parler. R. Hecquet a laissé cependant un certain nombre de pièces, comme *les Travaux d'Hercule*, gravé en petit d'après les tableaux du Guide; *un Bain de femmes*, d'après le Poussin; des portraits, etc. Un de ses titres à nos souvenirs sera aussi d'avoir su former des élèves comme Beauvarlet et Daullé, qui sont parvenus tous deux à la célébrité comme graveurs. Hecquet était rentré en 1765 dans sa ville natale pour y finir paisiblement ses jours, car voici ce que l'on trouve sur ce point, à la date du 5 février 1765, dans le journal de Wille :

« Ecrit à M. Hecquet, graveur à Abbeville ; je lui demande « s'il veut se défaire du *Couronnement d'épines* et du *Christ en* « *croix*, d'après Van Dyck, gravé par Balsivert, qui l'a encadré « chez lui, et que j'ay vu lorsqu'il demeuroit encore à Paris. »

(1) *Catalogue de l'OEuvre de F. de Poilly, graveur ordinaire du roi, avec un extrait de sa vie, où l'on a joint un catalogue des estampes gravées par Jean Wischer et autres graveurs, d'après les tableaux de Wouvermans, avec un secret pour décoller les dessins à l'encre de Chine et au bistre, etc. ; le tout recueilli par R. Hecquet, graveur à Paris. Chez Duchesne, libraire, rue Saint-Jacques, au-dessous de la fontaine Saint-Benoit, au Temple du Goût, MDCCLII, avec approbation et privilège du roi.*

Cet ouvrage a été réimprimé, il y a quelques années, par les soins de M. de Poilly, notaire, l'un des descendants du graveur. Au dire de M. Louandre, dans sa *Biographie d'Abbeville*, ce catalogue serait malheureusement incomplet.

la Bibliothèque nationale et ailleurs, retrouver aucun
de ces premiers ouvrages de Daullé, qu'il faisait sans
doute pour le compte de son maître, et que peut-être
alors pour cette raison, comme beaucoup de jeunes
graveurs à leurs débuts, il ne signait pas. Daullé prit
de préférence pour ses premiers modèles les œuvres
d'Edelinck pour lequel il avait une grande et juste
admiration et dont il cherchait à s'assimiler la manière. « *Il acquit en peu de temps,* nous apprend un
biographe de son époque, *une grande facilité de couper
le cuivre; son burin, conduit avec franchise et pureté,
produisait les tons les plus doux et les plus agréables
à l'œil; il était net sans avoir rien de sec* (1). »

Une de ses premières productions, le portrait (en
muse) de la *comtesse de Feuquières*, fille du peintre
Mignard, et connue, paraît-il, par sa grande beauté,
lui donna de suite une certaine notoriété et lui fit
prendre rang parmi les meilleurs artistes de son
temps. Cette pièce, qu'il grava en 1735, à l'âge de
trente-deux ans seulement, est d'ailleurs remarquable
à tous égards; on la regarde généralement comme un
chef-d'œuvre, et elle est citée partout à côté des œuvres
principales des graveurs de cette époque. C'est l'ex-
cellent Hecquet qui, par ses nombreuses relations et
l'intérêt qu'il portait à son brillant élève, lui fit avoir
ce portrait à graver.

Ce premier travail lui valut en outre, chose bien
précieuse pour un artiste qui débute, l'estime et l'amitié
de Rigaud, le peintre de portraits si justement célèbre;
après avoir vu l'estampe de la fille de Mignard, il voulut

(1) Mariette.

s'attacher Daullé et en faire à l'avenir son graveur. Il s'était refroidi pour les Drevet, nous dit Mariette, en qui il croyait ne plus apercevoir le même zèle ni les mêmes égards. Il commanda à Daullé ou lui fit avoir plusieurs autres portraits à reproduire d'après ses tableaux, et notamment cette admirable estampe : *Rigaud peignant sa femme*. Elle fut gravée par Daullé en 1741, et cette pièce le fit recevoir membre de l'Académie le 30 juin 1742 (1); il avait trente-neuf ans à cette époque. Il fut aussi membre de l'Académie impériale d'Augsbourg.

Notre graveur, alors dans la plénitude de son talent, se maria peu de temps après sa réception à l'Académie; il épousa vers 1744 ou 1745, nous apprend M. Jal dans son *Dictionnaire critique*, une demoiselle GABRIELLE-ANNE LANDRY; on n'a pas sur elle d'autres renseignements. Daullé eut d'elle cinq enfants qui naquirent aux dates ci-après : 2 février 1745, — 17 mars 1746, — 20 décembre 1747, — 16 septembre 1750 — et 1er mai 1753.

Les débuts de Daullé avaient été, comme on le voit, heureux et faciles : tout lui souriait. D'abord guidé et protégé par Hecquet, bientôt par un peintre de premier mérite et de grande et légitime réputation, il n'avait plus qu'à suivre, comme graveur de portraits et comme artiste consciencieux, la voie dans laquelle

(2) *Archives de l'art français*, 1853-1855 ; *Annuaire des artistes et des amateurs*, 1861. — Le 7 juillet de la même année, le secrétaire de la compagnie écrivait sur son registre : « Daullé, « graveur et académicien, remit à l'assemblée, pour son morceau « de réception, la planche du portrait de M. Rigaud avec cent « épreuves, conformément à la dernière délibération. » (Recueil 1739-49, fol. XLVIII, école des beaux-arts). (Jal).

il était entré d'une manière si brillante. Si Daullé, selon Watelet (Huber et Rost), avait fait encore des progrès depuis cette époque, peu de graveurs au burin auraient pu lui être préférés.

Malheureusement Daullé s'habitua trop à compter sur le succès; il voulut en même temps, pressé par le besoin de vivre et d'élever sa famille qui devenait chaque année plus nombreuse, produire beaucoup pour gagner plus, mais ce fut aux dépens de son talent qu'il ne craignit pas de prodiguer, surtout vers la fin de sa vie, à la reproduction de tableaux ou de dessins souvent fort médiocres et qui l'empêchèrent d'arriver au degré de perfection que semblaient présager ses premières productions si remarquables. Il travailla alors très-vite, sans soin, et un certain nombre de pièces, ainsi négligées, déparent son œuvre; mais la nécessité où il se trouvait de vivre exclusivement de son burin (terrible adversaire de tout artiste en pareil cas) peut expliquer sinon justifier entièrement ces écarts de talent. Au surplus, il n'en reste pas moins un graveur de mérite, et sa collection importante, on pourrait dire sa galerie de personnages, au nombre de quatre-vingt-onze, dont il a perpétué les traits par le burin et dans laquelle on trouve un grand nombre d'estampes remarquables, suffit largement à lui conserver une réputation réelle. Il faut, au surplus, se défier un peu des critiques de ses biographes qui ne paraissent pas l'avoir ménagé; peut-être entrait-il dans leurs appréciations un peu de rancune personnelle qui se fait jour notamment dans la notice que nous a laissé Mariette. Ce dernier, rappelant que ses planches (de sujets de genre) péchaient par le dessin, nous dit que Daullé seul ne pouvait rien faire de bien, qu'il lui fallait un conducteur et qu'il n'en trouva point, qu'il avait trop bonne opinion de lui-même et s'éloignait de tous ceux qui (comme Mariette apparemment) eussent pu lui donner des avis salutaires. On voit évidemment qu'il y a là quelque blessure d'amour-propre dont le critique était encore impressionné. Plus loin, à propos du portrait de la princesse de Hesse-Hombourg, Mariette ajoute : « C'est « par là où il a fini sa triste carrière, car cet ouvrage « qu'il traîna et qu'il fit avec négligence, lui fit éprouver « des désagréments qui le durent beaucoup mortifier, « quelques soins que j'eusse pris de lui en épargner « une partie. » Il faut avouer que ce singulier ami pousse un peu trop loin la critique pour l'artiste qui avait buriné son portrait avec tant de talent, d'après Antoine Pesne.

Le graveur J.-B. Wille, un autre de ses contemporains qui fut, au dire de M. Charles Le Blanc, un de ses élèves et même son plus brillant, eut avec lui des relations d'artiste tout intimes, et les passages suivants de son journal établissent leur collaboration à diverses estampes; nous le laissons parler : « ..... *M. Daullé,* « graveur de ma connaissance, me vient voir, me « priant de lui être secourable en l'aidant dans la gra- « vure des portraits du prétendant et du duc d'Yorck « son frère (voy. Cat. n° 80), dont il avait l'entre- « prise, alléguant qu'il était surchargé d'autres ou- « vrages. Je consentis volontiers à sa demande plutôt « pour l'occasion de m'exercer qu'à gagner de l'argent, « quoique je sentisse parfaitement la valeur et l'utilité « de ce métal, surtout quand je n'en possédais pas. « M. Daullé, lorsqu'il était assuré de ma bonne volonté

« à son égard, m'envoya les tableaux des deux princes,
« d'après lesquels je travaillai avec tant d'activité que
« dans un laps de temps peu considérable tout ce qui
« me concernait était terminé. Mais cette gravure n'é-
« tait ni belle ni bonne, selon moi, ce n'était que la
« besogne d'un jeune homme qui savait se juger lui-
« même, mais qui espérait mieux faire par la suite. Je
« dois faire observer ici que M. Daullé s'était réservé
« la gravure des têtes de ces princes, » — c'est, on
le comprend, dans des portraits, la partie de beaucoup la plus délicate et la plus importante — « et les
« ayant finies, il mit son nom sur des planches ainsi
« fagotées et dont je pouvais être jaloux (1). M. Daullé
« m'avait payé, j'en étais content; il le fut également
« par les princes; (j'en étais content, il le fut égale-
« ment); il devait l'être à plus forte raison.

« Après cette affaire, aussitôt oubliée que terminée,
« je reprends mes propres travaux, mais je fus encore
« une fois dérangé. M. Daullé revint de nouveau, me
« proposant un autre ouvrage que je refusai honnête-
« ment; mais après quelques contestations et des pa-
« roles gracieuses et flatteuses qu'il me prodiguait, je
« consentis enfin à le seconder. Il était question du
« portrait de *M. Maupertuis* que M. Daullé s'était engagé
« à graver. Ce savant, de retour de son voyage au pôle
« Arctique où il avait été occupé à mesurer la terre,
« s'était fait peindre habillé et complètement vêtu de
« peaux d'animaux, suivant la coutume et la nécessité

(1) Wille laisse évidemment percer là de la rancune, car ces
portraits, sans être assurément bien bons, ne méritent pas une
appréciation aussi sévère.

« des très-misérables Lapons, habitants de ces régions
« aussi froides que reculées de notre globe. Ce tableau
« me fut remis et me servit à graver les parties pour
« lesquelles je m'étais engagé et dont M. Daullé me
« parut aussi content que je l'étais peu. »

Wille, après la mort de son maître, s'exprima alors
d'une manière plus sincère et plus bienveillante sur
son compte ; ainsi il dit notamment, avec plus de vérité,
que Daullé doit, avec toute justice, être compté au
nombre des bons graveurs de son temps, et que certaines pièces qu'il signale transmettront son nom à la
postérité.

Nous transcrivons ici un autre passage de son journal
qui rappelle l'intimité de leurs relations : « Le 3 janvier
« 1762, j'allais chez M. le marquis de Marigny avec
« l'Académie (1), de même Le Vasseur, à l'occasion du
« jour de l'an. L'Académie royale de peinture a le pas
« sur l'Académie de l'architecture, qui y était aussi.
« Au sortir de là, M. Daullé, graveur, MM. Challe, l'un
« peintre, l'autre sculpteur, vinrent avec moi et nous
« dînâmes chez Lendel, rue de Bussi. »

M. Charles Le Blanc nous donne aussi de son côté,
dans son *Catalogue de l'œuvre de Wille*, p. xiv, des détails
relatifs à la collaboration de ce graveur avec Daullé ;
nous croyons ici encore devoir citer textuellement ce
passage que nous devons à l'indication bienveillante de
M. Vienne :

« Comme élève de Daullé avec lequel il conserva

(1) Le marquis de Marigny, comme on le sait, était le frère de
Mme de Pompadour ; il était un grand protecteur des arts, et
Daullé notamment lui a dédié plusieurs pièces.

« toujours des relations, Wille a gravé, de 1738 jusque
« vers 1750, une grande partie des pièces dont l'exé-
« cution était confiée à son maître. Celui-ci terminait
« les chairs — (les figures, nous l'avons vu plus haut) —
« et se contentait quelquefois de signer les planches.
« Mais il serait bien difficile de préciser les estampes
« que Wille a gravées tout entières et celles auxquelles
« il n'a fait que participer, car le burin du maître et
« celui de l'élève ont une grande similitude, quoique la
« taille, dans les productions de Wille, soit toujours
« plus nette, plus brillante, et si l'on peut s'exprimer
« ainsi, plus métallique. Notre intention n'est donc pas
« de nous jeter, à ce sujet, dans des conjectures ha-
« sardées ; nous nous contenterons d'avoir indiqué ce
« fait et d'appeler l'attention sur les portraits suivants
« qui nous paraissent dus entre autres au burin de
« Wille. » — Nous renvoyons ici au catalogue où, pour
chaque pièce indiquée, et elles sont d'ailleurs peu nombreuses, nous avons signalé les conjectures de M. Ch.
Le Blanc.

Tous les biographes, d'ailleurs, ne sont pas aussi
sévères ; ainsi Heinecken nous dit que Daullé s'acquit
généralement une grande réputation, et plus loin il
ajoute qu'il est un de ces artistes dont les curieux
peuvent former à tous égards un œuvre séparé. Brulliot
nous dit que Daullé était un dessinateur et un graveur
distingué ; Paignon-Dujonval parle aussi de lui comme
dessinateur et graveur.

Daullé a eu, selon Brulliot (n° 1598, 1re partie), une
marque particulière, D avec un J entrelacés, qui se
trouve seulement sur des estampes qu'il a gravées
d'après Joseph Vernet ; il s'est servi aussi de la marque

J D dans une estampe (celle avant la lettre et avant les armes) qui représente *les Fils de Rubens* d'après le tableau de la galerie de Dresde (n° 1406, 2° partie) (1).

Tels sont les détails que nous ont transmis les biographes contemporains. Nous voyons, par les indications qui se trouvent sur un certain nombre des pièces, qu'il habita longtemps la rue du Plâtre-St-Jacques et aussi la rue St-Jacques et la rue des Noyers; il alla enfin demeurer quai des Augustins, où il resta jusqu'à sa mort; il y avait établi un commerce d'estampes qui fut continué pendant quelque temps par sa veuve et passa ensuite, nous apprend Heinecken, dans le fonds de Chereau.

Il eut parmi ses élèves, outre Jean-Charles Le Vasseur, un autre enfant d'Abbeville, François Dequevauvillers, né en 1745. Notre graveur mourut à l'âge de soixante ans, le 23 avril 1763. Son acte d'inhumation dressé dans l'église de St-André des-Arts, et que nous avons trouvé dans le précieux ouvrage de M. Jal, porte : « *Jean Daullé, graveur du roy, des Académies royales de peinture de Paris et d'Augsbourg, décédé le 23 avril 1763, quai des Augustins, âge de 58 ans ou environ.* » — Cette dernière indication, d'ailleurs un peu vague, est inexacte, d'après son acte de naissance que nous avons reproduit plus haut et qui porte la date du 18 mai 1703.

Nous rapportons encore un passage du journal de Wille (tome 1er, page 223) qui nous donne certains renseignements intéressants à noter ici :

« Le 2 mai 1763, l'on commença la vente, chez « Madame Daullé, des effets délaissés par feu son mari,

(1) Nous n'avons pas retrouvé ces marques sur les estampes, avec la lettre, qui nous sont passées sous les yeux.

« qui était mon ami, l'ayant déjà fréquenté il y a plus
« de 24 ans dans ma grande jeunesse, et lequel est
« mort il y a environ un mois. Sa mort m'a vérita-
« blement attristé, et je plains sa veuve et ses deux
« filles, d'autant plus qu'elles ne sont pas à leur aise.
« M. Daullé n'avait que cinquante-cinq ans, lorsqu'une
« fièvre putride l'emporta le neuvième jour de sa ma-
« ladie. Il était extrêmement prompt dans le travail et
« jamais malade...... »

Daullé ne mourait pas tout entier, et si ses restes sont
aujourd'hui peut-être dispersés, tombés en poussière
ou relégués au fond de quelque galerie des catacombes
de Paris, son œuvre important, que nous avons essayé
de réunir et de faire bien connaître, suffira largement,
malgré quelques restrictions à apporter, pour conserver
son souvenir dans sa ville natale et pour lui assurer la
place honorable qu'il mérite parmi nos nombreux graveurs. Il est et il restera, nous le répétons avec
Heinecken, un de ces artistes dont les curieux peuvent
former à tous égards un œuvre séparé.

———

D'après M. de Montaiglon, qui a inauguré la série
des catalogues des graveurs d'Abbeville par celui de
notre maître le plus illustre, Mellan, il faudrait après
lui, et en quelque sorte par ordre de mérite, ranger
Lenfant, de Poilly, Daullé et Aliamet. Cette appréciation
en faveur de Daullé, faite par un critique recommand-
able en matière de gravure, est précieuse à recueillir
tout d'abord, et elle se trouve largement confirmée par
l'examen de son œuvre, au moins pour les portraits.

Daullé est surtout et avant tout, il faut le dire, un

graveur de portraits et l'un des maîtres du xviiie siècle qui en a gravé le plus; les biographes de l'époque le citent à côté des Drevet, des Edelinck, des Chereau. C'est dans ce genre qu'il s'est souvent surpassé et il aurait dû s'y borner, au lieu de se lancer, surtout vers les dernières années de sa vie, dans une toute autre voie, la reproduction des sujets de genre, mythologiques, allégoriques et autres, dans lesquels il est resté souvent très-inférieur à lui-même. Il n'y a donc pas, et nous ne pouvons que le regretter, d'unité dans son œuvre, et il est des pièces qu'on ne saurait, par leur infériorité, attribuer à l'auteur de ces beaux portraits qu'on ne se lasse pas d'admirer.

L'œuvre de Daullé, au dire de Wille, ne contiendrait pas moins de trois cents pièces environ; c'est là une indication qui a été évidemment donnée un peu au hasard et qui n'est nullement justifiée. M. Charles Le Blanc, dans son *Manuel de l'amateur d'estampes*, ne mentionne que soixante et une pièces, mais ce catalogue n'est guère qu'un sommaire; M. Louandre père parle de cent quarante pièces, un autre biographe donne le chiffre de cent soixante-dix, et nous n'avons trouvé, quant à nous, après de patientes et nombreuses recherches, que *cent soixante-quatorze pièces*, ce qui forme déjà un œuvre important, si l'on songe que Daullé est mort à soixante ans, le 23 avril 1763 (1).

Quelques planches, d'ailleurs, ont pu aussi échapper à nos recherches; nous n'avons pu trouver ou indiquer

(1) Nous n'avons catalogué pour Le Vasseur, qui est mort à quatre-vingts ans et qui, pendant sa vie, a travaillé beaucoup, que cent soixante-six pièces.

d'une manière certaine, comme étant de lui, une seule des thèses qui, au dire des biographes, auraient été gravées par lui d'après différents maitres, tels que Boucher, Edelinck et autres, mais il se peut que ces pièces, gravées par Daullé en tout ou partie, dans ses débuts, n'aient pas été signées par lui, ainsi que cela arrivait le plus souvent pour les jeunes graveurs. Nous avons cru devoir mentionner à part plusieurs estampes au nombre de *douze,* éditées seulement par lui ou par sa veuve, et qui se trouvent parfois comprises sous son nom dans des catalogues sommaires, bien que n'étant pas de sa main.

La seule collection des estampes de Daullé qui soit passée en vente était, paraît-il, de cent quatre-vingt-quatre pièces (à supposer d'ailleurs que toutes fussent réellement de lui); c'était à la vente de Basan père, en 1798, à une époque heureuse pour les amateurs; elles étaient adjugées, en bloc, pour cinquante-huit francs.

La Bibliothèque d'Abbeville possède un grand nombre des pièces composant l'œuvre de Daullé; il y a d'abord un très-beau volume in-folio, relié, provenant, nous l'avons dit, de la générosité de M. Morel de Campennelle; il est composé de quatre-vingt-quatre planches dont notre graveur avait conservé la propriété et que sa veuve publia, nous apprend Wille, quelque temps après sa mort.

Ce volume porte le titre : *OEuvre de Daullé, graveur du roi, membre de son Académie royale, de l'Académie royale de peinture et de sculpture et de l'Académie impériale d'Augsbourg. — Se vend à Paris, chez la veuve Daullé, quai des Augustins, au coin de la rue Gille-Cœur.* (Sans date). Il est précédé d'une courte notice biographique assez peu intéressante comme détails et renfermant même une date erronée, nous l'avons vu, pour sa naissance. Cette notice est plutôt une réclame pour la vente du volume ; elle est suivie d'une nomenclature des quatre-vingt-quatre pièces, avec des titres souvent un peu différents de ceux des estampes, et accompagnés de désignations parfois singulières pour ne pas dire burlesques.

Il faut aussi faire observer que dans cette série de différentes pièces tirées sur les feuilles mêmes du volume, soixante douze seulement sont de Daullé ; les autres sont de maitres différents : il y en a huit notamment de Le Vasseur, un de ses élèves. Cette collection ne renferme que très-peu de portraits, six seulement, ce qui indique que notre graveur n'en avait plus fait qu'un très-petit nombre vers la fin de sa vie, et qu'il n'en avait conservé, dans tous les cas, que très-peu de planches.

A la suite de ce volume, au moins celui qui se trouve à la Bibliothèque d'Abbeville, on a ajouté, en les collant sur des feuillets laissés en blanc, une suite de quarante-huit autres estampes, toutes de Daullé, parmi lesquelles on compte quarante-quatre portraits. Enfin, dans un carton séparé se trouve un certain nombre de pièces du même maitre, dont plusieurs doubles.

Mais il y a encore de nombreuses lacunes, et à ce sujet nous ne pouvons que désirer que toutes les œuvres de nos graveurs puissent être un jour réunies dans nos musées. Ce vœu n'est que le complément de celui qui était formulé dès 1777 dans l'*Almanach de Ponthieu* (1).

(1) Page 37. Après avoir parlé des ouvrages de Sanson qu'on

Pour en revenir à notre graveur, la partie la plus
remarquable de son œuvre est, sans contredit, la suite
des portraits dont le nombre, d'après nos recherches,
s'élève à *quatre-vingt-onze ;* cette sorte de galerie d'une
foule de personnages marquants, qui ont vécu dans le
cours du xviiie siècle, est intéressante aussi au point de
vue historique, et ces gravures qui rappellent ainsi,
pour un grand nombre d'amateurs, des personnes dont
les portraits originaux sur toile sont dispersés de toutes
parts, peut-être perdus ou ignorés, montrent encore
combien ont été utiles nos graveurs, en dehors même
de leur mérite respectif comme artistes, en vulgarisant
et en rappelant ainsi aux générations qui suivent les

pourrait réunir dans une collection publique, l'auteur de l'article
ajoute : « On pourrait y joindre un superbe portefeuille d'es-
« tampes des bons graveurs qu'Abbeville seule a produits.
« Sera-t-on jaloux partout de rassembler ces chefs-d'œuvres,
« excepté dans la patrie qui les a produits ? »

Ce vœu, hâtons-nous de le dire, a été rempli : nous avons
maintenant une belle collection des estampes de nos maîtres
abbevillois ; de plus, un certain nombre de pièces les plus
belles vont être exposées sous cadres dans un de nos musées ; c'est là une très-heureuse pensée de Messieurs les
Membres des Commissions du Musée et de la Bibliothèque, et
nous y applaudissons. Chacun pourra ainsi admirer plus facile-
ment les principales productions de nos graveurs. Il serait à
désirer que l'on cherchât à compléter, autant que possible,
cette collection si intéressante pour Abbeville, au moyen d'une
somme qui serait spécialement et exclusivement consacrée chaque
année, sur les fonds affectés aux Musées et à la Bibliothèque, à
des achats de gravures dans les ventes, à Abbeville et surtout à
Paris. Un de nos amateurs distingués, M. Oswald Macqueron,
formulait le même vœu sous forme d'une proposition différente
présentée à la Société d'Emulation dans la séance du **7 janvier
1869.**

traits des personnages qui ont joué un rôle plus ou moins grand à leur époque.

Parmi les pièces les plus intéressantes, au point de vue artistique, de cette galerie gravée par Daullé, il faut placer tout d'abord une de ses premières pièces (1), le portrait de la comtesse de Feuquières, la belle *Catherine Mignard*. C'est là une estampe merveilleusement réussie et qu'on doit considérer, avec les divers critiques, comme le chef-d'œuvre du maître. Et cependant il faut de suite mentionner comme pouvant lui être comparée pour la perfection du dessin, du modelé, des figures et des chairs, toute une suite de portraits comme celui de *Rigaud peignant sa femme*, ceux de *Gendron*, de *Mariette*, la belle et imposante figure de *Marguerite de Valois, comtesse de Caylus*.

Nous ne pouvons indiquer ici, dans ce simple aperçu, tous les portraits qui, à des degrés divers, nous ont paru dignes d'être signalés; indiquons seulement encore parmi les mieux réussis : *Saint-Simon* évêque de Metz, *Mademoiselle Pelissier*, *Lemercier, Georges Mareschal, de La Peyronie* (le grand format), *Marie-Antoinette de Rosset, Francus Sirera, Pierre Mignard*, etc.

Daullé a gravé aussi un certain nombre de belles estampes pour le recueil important de la galerie de Dresde (2). On peut citer comme des plus remarquables :

(1) La première pièce datée est le portrait de Baron, gravé en 1732.

(2) Deux beaux volumes grand in-folio ; voici le titre copié sur le premier à la Bibliothèque nationale : *Recueil d'estampes d'après les plus célèbres tableaux de la galerie royale de Dresde*, 1er vol.

Diogène d'après Ribeira, *la Vierge et l'Enfant Jésus* d'après Maratte, toutes deux gravées en 1752, *Caïn et Abel* d'après Dietricy, *les Fils de Rubens* d'après le tableau de ce peintre.

Dans les sujets de genre et aussi dans quelques pièces allégoriques et mythologiques, on peut relever souvent chez Daullé des incorrections et des fautes de dessin. Les yeux des personnages sont quelquefois mal rendus, sans expression, parfois aussi trop grands, ce qui donne aux physionomies l'air hagard et, dans tous les cas, peu naturel. Certaines parties sont faites, on le voit, très-vite, sans soin ; le burin est dur, sec : c'était plutôt du métier que de l'art que Daullé faisait en pareil cas, en voulant produire beaucoup. Il y a aussi, et c'est là un défaut que l'on remarque sur un très-grand nombre de pièces, des blancs trop mats, trop heurtés, qui produisent un effet désagréable. D'un autre côté, certains détails, comme le feuillage, les fleurs, sont souvent très-délicatement burinés et finis.

Il faut dire, au surplus, que Daullé a gravé, notamment d'après Boucher, un certain nombre de pièces, dessins ou simples esquisses, d'une médiocre valeur

contenant 50 *pièces avec une description de chaque tableau en français et en italien, imprimé à Dresde en M.DCC.LIII.*

Les planches de la galerie de Dresde ont été presque toutes gravées à Paris, de 1750 à 1756. (Dussieux, *Artistes français à l'étranger*, p. 90). — Parmi les graveurs français qui furent employés à ce grand et splendide travail, nous remarquons notamment plusieurs de nos maîtres abbevillois : F. ALIAMET, BEAUVARLET, J. DAULLÉ (sept planches), CL. DUFLOS et J.-J. FLIPART.

artistique, ce qui a dû contribuer à lui fausser le goût et à lui gâter la main.

Mais ces sujets étaient à la mode de l'époque, les gravures s'en vendaient mieux assurément que celles des portraits, et c'est là, nous l'avons dit, le principal motif qui a dû entraîner Daullé à sacrifier ainsi à ce genre faux, maniéré et tout de convention.

Quoi qu'il en soit, et sauf ces restrictions que nous avons dû faire, nous signalerons comme dignes de son talent quelques pièces assez bien réussies, comme *le Sérail du doguin* et *la Chienne braque avec toute sa famille,* formant pendants, d'après Oudry; *la Coquette ,* d'après Boucher ; *la Peleuse de pommes,* d'après Metzu; *les Plaisirs flamands* et *le Chirurgien flamand,* d'après Teniers. Nous ne partageons pas d'ailleurs l'admiration de quelques biographes pour *les Quatre Saisons,* d'après Boucher ; ce sont là des pièces d'un mérite secondaire, au moins pour le talent de Daullé. Nous lui préférons de beaucoup quelques autres pièces d'après Boucher, dans les sujets allégoriques, comme *la Terre, la Muse Clio* et *la Muse Erato,* et surtout enfin un sujet religieux, *la Bénédiction de Jacob,* aussi d'après Boucher, qui sort du genre de ce peintre et que Daullé a rendu avec beaucoup de soin et de talent.

Les sujets mythologiques ont été en général les plus soignés, et plusieurs sont d'un burin large, franc; les uns sont bien modelés et bien compris. Nous citerons *la Vengeance de Latone,* d'après Jouvenet; *Vénus et les Grâces au bain, Vénus et l'Amour,* toutes deux d'après Boucher, gravées en 1758 ; *le Prix de la beauté* et *Salmacis et Hermaphrodite,* d'après de Troy ; enfin le **Quos ego** d'après Rubens, qui est une très-belle estampe.

Dans les paysages, il faut signaler *les différents Travaux d'un port de mer*, d'après Vernet, qui, bien que d'un genre tout différent, est une estampe bien traitée; de même deux belles *Vues d'Italie,* d'après Patel ; et enfin *Rome ancienne,* magnifique vue gravée en 1759, d'après Lallemand.

Nous allons maintenant reprendre toute cette belle série des pièces gravées par notre artiste ; nous avons donné, pour chacune, une description détaillée qui permettra aux amateurs de trouver le titre de leurs estampes avant la lettre, en s'aidant en même temps des dimensions. Pour les titres et mentions des gravures, nous les avons copiés scrupuleusement et dans tous les détails, en conservant l'orthographe textuelle, bien qu'elle ne fût pas toujours irréprochable, mais il fallait, avant tout, être complètement exact. Nous avons cru devoir aussi indiquer, pour chaque gravure, les ouvrages où elle se trouve mentionnée et les collections où elle figure, en reproduisant, quand il y a lieu, les désignations spéciales trouvées dans les recueils de l'époque.

OUVRAGES CONSULTÉS

Archives de l'Art français, etc., publiées sous la direction de M. DE CHENNEVIÈRES ; Paris, Dumoulin, 1853-1855.

Annuaire des Artistes et des Amateurs, 1861.

BARTSCH. — *Le Peintre-Graveur français ;* Vienne, 1803, 1818.

BASAN. — *Dictionnaire des Graveurs ;* Paris, 1767 et 1789.

Id.   — *Le Peintre-Graveur français.*

Biographie portative universelle ; Paris, 1844.

Biographie des Hommes célèbres, des Artistes et des Littérateurs du département de la Somme ; Amiens. Machart, 1837.

BLANC (CHARLES LE). — *Manuel de l'Amateur d'Estampes ;* Paris, 1850-1857.

Id.   — *Catalogue de l'Œuvre de Jean-Georges Wille ;* Leipzig, 1847, éd. Rudolphe Weigel.

BRULLIOT — *Dictionnaire et Table générale des Monogrammes ;* Stuttgard, 1832-1843.

CAMPARDON. — *Madame de Pompadour et la Cour de Louis XV au milieu du XVIIIe siècle, etc. ;* Paris, 1867.

COHEN. — *Guide de l'Amateur de Livres à vignettes du XVIIIe siècle, etc. ;* Paris, Rouquette, 1870.

DUMESNIL (ROBERT) et G. DUPLESSIS. — *Le Peintre-Graveur français ;* Paris, 1865-1868.

HEINECKEN. — *Dictionnaire des Artistes ;* Leipzig, 1778-1790.

HELLER. — *Manuel pratique de l'Amateur d'Estampes ;* Leipzig, 1847-1849.

HUBER et ROST. — *Manuel des Curieux et des Amateurs de l'Art ;* 1797.

Jal. — *Dictionnaire critique de Géographie et d'Histoire;* Paris, Plon, 1868.

Louandre père. — *Biographie d'Abbeville et de ses environs;* Abbeville, Devérité, 1829.

Mariette. — *Abecedario,* annoté par MM. de Chennevières et de Montaiglon; Paris, Dumoulin, 1853-1854.

Michaut. — *Biographie universelle.*

Moniteur de 1763.

Montaiglon (Anatole de). — *Catalogue raisonné de l'OEuvre gravé de Claude Mellan; — Mémoires de la Société d'Emulation,* années 1852 à 1857.

Prarond (Ernest). — *Topographie historique et archéologique d'Abbeville,* tome 1er; Paris, Dumoulin, 1871.

Velly et Villaret. — *Recueil des Portraits des Hommes illustres dont il est fait mention dans l'Histoire de France,* etc.; Paris, 1781.

Wille. — *Mémoires et Journal,* publié par M. Georges Duplessis, *bibliothécaire du département des estampes à la Bibliothèque nationale à Paris, avec une Notice par* Edmond et Jules de Goncourt; Paris, v° Renouard, 1857.

ABRÉVIATIONS

———

B. Abb. — Bibliothèque d'Abbeville.

B. Nat. — Bibliothèque Nationale, à Paris.

Cat. Vign. — Catalogues publiés par M. Vignères, marchand d'estampes à Paris, rue de la Monnaie.

Man. de Ch. Le Bl. — Manuel de l'Amateur d'Estampes, de Charles Le Blanc ; Paris, 1850-1857.

Rec. Vᵉ Daullé. — Recueil des quatre-vingt-quatre estampes publiées par la veuve de Daullé, après la mort de son mari.

CATALOGUE RAISONNÉ

DE

L'ŒUVRE GRAVÉ

DE

JEAN DAULLÉ

PORTRAITS

1 — AGUESSEAU (Henri d').

Portrait dans un médaillon ovale équarri, posé sur un socle. Personnage en robe de magistrat, la tête couverte d'une longue perruque ; il porte la plaque de l'ordre du Saint-Esprit ; la figure est tournée un peu à droite.

Bonne gravure, figure fine largement burinée.

Hauteur, 0,233^{mm} ;   Largeur, 0,173^{mm}.

Dans le cadre du médaillon : *Henricus Franciscus d'Aguesseau, Galliarum Cancellarius, nat. 27 nov. 1668, obiit febr. 1751.*

On lit sur le socle dans un cartouche :

Illi lingua potens Demosthenis, ars Ciceronis,
Pectus Aristidis, mens que Platonis erat
Et Cato censura, responsis Papinianus,
Consiliis Nestor, legibus ipse Solon.
Verior his virtus anima labris que sedebat
Ipsa etiam scriptis nunc quoque visa loqui.

A la marge, en bordure : à gauche, *Peint à l'âge de 35 ans par Vivien 1703* — à droite, *Gravé par J. Daullé graveur du roi.*

Bibliothèque Nationale, Bibliothèque d'Abbeville.

Cat. Vignères. Vente Hochard à Lille, décembre 1869. — Id. novembre 1868, n° 140, in-4°. — Id. mai 1867, n° 34, in-4°. — Id. V. Duchamp, 1867, n° 71, in-4°.

—

2 — ANASTASIE (Madame) , *Landgrave de Hesse-Hombourg.*

Dame vêtue d'une robe à ramages, la tête de face, le corps tourné à gauche; elle est assise dans un fauteuil devant une table sur laquelle sont posés des livres et une sphère. Elle tient un livre à la main ; à ses pieds, un petit chien couché près d'un tabouret. Au fond, le coin d'une cheminée portant des statuettes et une pendule. Armes à la marge entre les deux titres ; elles se composent de deux écussons surmontés d'une couronne avec manteau d'hermine.

Cette gravure manque d'effet : c'est sec, peu modelé, tout se confond ; les vêtements sont bien fouillés, mais les détails en sont un peu confus. La tête n'est pas réussie ; elle est effacée, sans expression, sans relief.

H. 0,460 ;   L. 0,380.

Le titre à la marge ; il est écrit à gauche en caractères russes, et en français à droite :

S. A. S. Madame Anastasie landgrave de Hesse Hombourg, née princesse Troubetskoy, dame du grand ordre impérial de Ste Catherine.

A la bordure, en marge : à g. *peint par Roslin* — à dr. *gravé par J. Daullé, graveur du roi 1761.*

Etat avant la lettre.

Autre, avec la lettre, mais sans les noms du peintre et du graveur.

B. Nat., B. Abb.

Mentionné par Mariette avec ces indications prises dans la biographie de Daullé : « *La princesse de Hesse Hombourg, née Imbetski, que Daullé a gravé pour le général Betski, frère de cette princesse, d'après un tableau de M. Kœslin, où elle est représentée assise.* » Ce fut un des derniers ouvrages de Daullé.

---

3 — ASTRUC (Jean).

Personnage représenté à mi-corps, une main entre les boutons de son gilet; le corps est tourné à gauche, la figure de face.

Bonne gravure, burin large, figure bien modelée.

H. 0,148; L. 0,120.

A la marge : *Joannes Astruc.*

Au-dessous : *Salubris concilii Regii Socius , doctor medicus Parisiensis, Professor Regius,* etc.

A la bordure de la marge : à g. *peint par L. Vigée —* à dr. *Gravé par J. Daullé gr. du roi 1756.*

B. Nat., B. Abb.

Cat. Vignères, V. Chaussier 1868, n° 42. — V. Hochard 1869, n° 1557-8.

---

4 — AUGUSTE III, *Roi de Pologne.*

Personnage en pied, debout, une main sur la hanche, tenant de l'autre un bonnet de fourrures; il est vêtu d'une longue robe ouverte par-devant et qui laisse apercevoir une épée suspendue au côté; il porte le cordon de la Toison d'Or. Sur une table, à droite, on voit les attributs de la royauté, couronne, sceptre, etc.;

à gauche, le trône sur lequel est posé le manteau royal, draperies au-dessus; dans le fond un palais.

Bonne gravure; figure finement burinée. Ce portrait forme pendant avec celui de Marie-Josèphe, reine de Pologne.

H. 0,669;   L. 0,488.

A la marge, le titre : *Fréderic Auguste III, roi de Pologne.*

Et au-dessous : *Peint par Louis de Silvestre premier peintre du roy de Pologne électeur de Saxe, à Dresde 1737. — Gravé par J. Daullé graveur du Roy, à Paris 1750.*

B. Nat.,   B. Abb.

Man. Ch. Le Bl. n° 44. — Cat. Vignères, V. Hochart, n° 469. — Id. V. déc. 1867, n° 285.

—

35 — AUGUSTE III (Frédéric).

Portrait différent du précédent ; médaillon ovale équarri. Le personnage est représenté à mi-corps, vu de face, cheveux assez courts, bouclés; la figure est large, épanouie, sans beaucoup d'expression. Il est couvert d'une armure complète, par-dessus laquelle est posé un manteau d'hermine qu'il ramène sur la hanche avec la main gauche ; il porte l'ordre du Saint-Esprit en écharpe et tombant à gauche, et l'ordre de la Toison d'Or en sautoir.

Bonne gravure, détails de costume bien rendus.

H. 0,193;   L. 0,163.

A la marge : *Frédéric-Auguste III, roy de Pologne, grand duc de Lithuanie, Russie, etc.*

En bordure : à g. *peint à Dresde par de Silvestre* — à dr. *gravé par J. Daullé, graveur du roi.*

B. Nat.,   B. Abb.

Huber et Rost, t. 8, n° 16 : *Le buste de Frédéric-Auguste III, roi de Pologne*, etc.

Rudolphe Weigel, éditeur du Cat. de Wille par Ch. Le Blanc, signale cette pièce comme étant due à la collaboration de Daullé et de Wille, en se basant sur le Cat. de la comtesse d'Einsiedel. (Dresde, 1833).

—

6 — BAGLION (DE) DE LA SALLE.

Médaillon équarri, posé sur un socle ; ecclésiastique en costume assez simple, vu de face, portant une croix suspendue au cou ; armes au bas.

Gravure assez bonne ; la figure est finement travaillée, les yeux sont seulement trop fixes.

H. 0,442 ;   L. 0,344.

A la marge : *Franciscus de Baglion de la Salle, epis· copus Atrebatensis.*

En bordure : *B. J. Wampe pinx. — J. Daullé sculp. — Offerebat P. L. J. Lemaistre Duacenus præside R D. B. Beccue collegie S. Vedosti professore, anno 1733, primam philosophiæ palmam.*

B. Nat.

—

7 — BASCHI (Charles de).

Médaillon ovale posé sur un socle. Personnage vu à mi-corps, couvert d'une cuirasse ; large figure d'une laideur caractérisée ; armes sur le socle.

Bonne gravure, les traits sont bien modelés.

H. 0,256 ;   L. 0,178.

Sur le socle : *Charles de Baschi, marquis d'Aubaïs, baron du Caïla, seign^r de Junas, etc., né au chaū de Beauvoisin le 20 mars 1686.*

A la marge : *Peint par Peroneau, peintre du R., juillet 1746. — Gravé par J. Daullé, gr. du R., janv. 1748.*

B. Abb.

Etat avant toute lettre.

Ch. Le Blanc, dans son Cat. de Wille, signale cette pièce comme due à la collaboration de Daullé et de Wille.

—

8 — BARON.

Portrait dans un cadre figuré en pierre, élargi par le bas; personnage debout, vu à mi-corps, la tête couverte d'une longue perruque, regardant un peu à droite; le bras et la main étendus avec le doigt indicateur écarté. Il est revêtu d'un large manteau formant draperie.

Bonne gravure, figure bien modelée et en relief; belle tête bien posée et physionomie expressive.

H. 0,400;   L. 0,280.

Sur le cadre en bas, formant socle : *Baron, célèbre comédien.*

Euripide et Sophocle en France
Avaient l'un et l'autre un rival,
Sans Baron dont icy l'on voit la ressemblance
Roscius resterait sans égal.

A la bordure, toujours dans la gravure : à g. *de Troy pinxit.* — à dr. *J. Daullé sculp.* 1732.

A la marge : *Se vend chez Limosin, rue de Gèvre, au grand cœur.*

Etat avant toute lettre. — Autre état avant la lettre, mais avec la mention : *de Troy pinx.* — *J. Daullé sculp.* 1732.

Etat sans le titre, mais avec les vers.

B. Abb.

Cat. Vign., V. Ch. Le Blanc, mai 1866, n° 1181. — Id. V. Hourlier, 1870, n° 358.

Cette belle pièce est à noter d'une manière toute particulière comme la première gravure datée de Daullé, qui n'avait que 29 ans quand il l'exécuta.

9 — BASSOMPIERRE (François de).

Portrait dans un médaillon dont le cadre est orné de moulures; au-dessus du médaillon, un casque, et des feuilles de laurier au bas, entourant l'inscription. Personnage avec de longs cheveux, portant la moustache et la royale, un grand col brodé tombant sur les épaules ; il est couvert d'une armure et porte une écharpe en sautoir.

Gravure ordinaire.

H. 0,133 ;   L. 0,090.

Autour du médaillon : *François de Bassompierre.*

Au-dessous : *François de Bassompierre, maréchal de France, né en Lorraine le 22 avril 1579, mort en Brie le 12 octobre.*

En bordure : *A. D. pinxit — J. D. sculp.*

Cette gravure est évidemment de Daullé ; c'est son genre, ce sont ses initiales. Elle figure dans l'ouvrage : *Histoire de France, commencée par MM. Velly et Villaret, continuée par M. Garnier,* etc., 1781. (Bibliothèque de M. J. de Mautort).

—

10 — BOILEAU DESPRÉAUX.

Personnage de face, sur fond uni.

Bonne gravure, figure finement modelée, avec expression bien rendue.

H. 0,134 ;   L. 0,082

A la marge : *Nicolas Boileau Despréaux, de l'Académie Françoise, né à Paris le 1er nov^{bre} 1636, mort le 16 mars 1711 — peint par Hyacinthe Rigaud, gravé par J. Daullé, gr. du roi.*

Etat avant toute lettre.

B. Nat.

Ce portrait de Boileau est sans doute celui mentionné par

M. Cohen dans son *Guide* avec l'indication suivante : « BOILEAU. — *OEuvres de M. Boileau Despréaux, nouvelle édition, avec des éclaircissements historiques donnés par lui-même et rédigés par M. Brossette, etc., etc., par M. de Saint-Marc. Paris, David et Durand,* 1747, 1 *vol. in-8°,* un *portrait par Rigaud, gravé par Daullé.* »

—

11 — CHAMBROY (LAZARUS).

Personnage vu à mi-corps dans un encadrement figuré en pierre ; il est vêtu d'un simple surplis uni, avec une croix suspendue au cou, la tête couverte d'une calotte. Le corps est posé à gauche, la figure raide, droite, regardant en face ; elle est très-laide, marquée de petite vérole, la bouche entr'ouverte ; mais le portrait paraît d'un vérité saisissante. Armes au milieu du titre, à la marge, dans un second médaillon.

Bonne gravure ; la figure est très-bien modelée.

H. 0,374;   L. 0,280.

Le titre sur le socle : *Lazarus Chambroy, abbas S^tæ Genovefæ Parisiensis præpos. general canon. regul. congreg. Gal.*

A la marge : *Rectorem posuerunt : fuit in illis quasi unus est ipsis* (Eccl. 32 cap. VI).

A la bordure, dans la marge : à g. *Peronneau pinx.* — à dr. *J. Daullé sculp.*

B. NAT.

—

12 — CHOMEL (PETRUS).

Portrait se détachant sur un fond uni ; personnage vu à mi-corps, tourné à gauche, la figure presque de face ; il est vêtu d'une robe fourrée d'hermine, la tête couverte d'une longue perruque.

Gravure assez fine, mais manquant de vigueur ; les yeux sont un peu grands ; le bas de l'hermine est à peine indiqué.

H. 0,087 ;   L. 0,121.

Sous la gravure, à la bordure : *R. Tournière pinx.* — *J. Daullé sculp.*

A la marge : *Petrus Joannes Baptista Chomel, saluberrimæ Parisiensis Facultatis Doctor Regens et Decanus, Medicus regis ordinarius, scientiarum Academiæ socius, natus die 2 septembris 1671, obiit die 3 julii 1740.*

B. Nat.,   B. Abb.

Cat. Vign., V. Hochart, décembre 1869, n° 1157-6.

---

13 — CLÉMENTINE, *Princesse de Pologne.*

Gravure mentionnée sous le n° 22 de l'Œuvre de Daullé dans le Manuel de Ch. Le Blanc, avec les indications suivantes : *N° 22 Angleterre ; Clémentine, princesse de Pologne, reine, femme du Prétendant ; David, in-fol., rare.*

Mentionnée également dans Heinecken, t. iv, p. 550, sous cette indication : *Portrait de Clémentine, princesse de Pologne, reine d'Angleterre ; c'est la femme du prétendant ; on en a des épreuves avec le nom du peintre David.*

Huber et Rost, t. 8, n° 6.

---

14 — COCHIN le fils.

Médaillon rond, suspendu par un ruban sur un fond moiré ; portrait en buste, tête de profil et tournée à gauche ; même genre que les portraits de Vanloo et de Nonnotte.

Bonne gravure.

H. 0,174 ;   L. 0,122.

Titre dans la gravure, sous le médaillon : *Cochin le fils (C. N.), dessiné par lui-même, gravé par J. Daullé 1754.*

B. Nat., B. Abb.
Man. Ch. Le Bl., n° 26.
Cat. Vign., V. Hochart, décembre 1869, n° 1158, in-4°.

—

15 — COFFIN (Carolus).

Portrait dans un cadre carré, cintré au-dessus, figurant une embrasure de fenêtre. Le personnage tient d'une main un livre fermé, posé droit sur ses genoux, et sur le dos duquel on lit : *Biblia sacra;* de l'autre, un bonnet de docteur. Il est revêtu d'un manteau avec camail d'hermine ; le corps est tourné à gauche, la tête presque de face. Au fond, en bas-relief, trois Amours groupés devant une fontaine ; ils en reçoivent l'eau dans des coupes. Au-dessus de la fontaine, à gauche, on lit : *Scholæ gratis reclusæ* 1719. Au bas de l'encadrement, à gauche, des papiers froissés ; on lit sur l'un : *Hymny sacri jam desinant suspiria ,* etc. ; sur un autre : *Oratio in serenissimi Delphini ortum* M.D.CC.XXIX ; sur le troisième : *Mandatum rectoris nos Carolus Coffin rector,* etc.

Bonne gravure ; les détails de l'hermine sont bien rendus ; la figure est peut-être moins bien réussie.

H. 0,465 ;   L. 0,326.

On lit sur une espèce de socle formant encadrement : *Carolus Coffin, antiquus universitatis Parisiensis rector, et Collegii Dormano, Bellovaci Gymnasiarchia, natus die 4 octobris 1676, obiit die 20 junii 1749.*

D. G. Coffin hanc optimi patrui effigiem, œternum pietatis et grati animi monumentum, œri incidi curavit.

A la marge, en bordure : à dr., *Peint par Fontaine 1742 —* à g., *Gravé par Daullé, graveur du roy,* 1749.

B. Nat., B. Abb.

Cat. Vign., V. Ch. Le Blanc, 1866, n° 1187. — Id. V. Hourlier, 1870, n° 357.

—

16 — COIGNARD (Jean-Baptiste).

Portrait dans un cadre entre colonnes, sur un socle où le titre est gravé entre des feuilles de chêne. Personnage assis, accoudé d'un bras devant une table sur laquelle un livre est ouvert; la figure est presque de face.

Gravure finement burinée; les détails de jabot et de manchettes sont bien rendus. Le haut de la tête et de la chevelure manque un peu de vigueur et n'est pas assez accusé.

H. 0,460;   L. 0,326.

A la marge : *Johann. Bapt. Coignard, regis et Academiæ Gallicæ typographus.*

En bordure :

Peint par Voirieau. — Gravé par J. Daullé, gr. du roy et de l'Académie impériale d'Augsbourg.

Offerebant P. Al. le Mercier et Elizabeth Boudet.

Etat avant la lettre, non terminé. Les détails de dentelles du jabot et les manchettes sont à peine indiqués par un trait léger; encadrement au trait; aucune mention.

B. Nat., B. Abb.

Cat. Vign., V. Hochard, décembre 1869, n° 1172. — Id. V. Hourlier, 1870, n° 355.

—

17 — FABERT (Abraham de).

Petit médaillon ovale équarri, posé sur un socle. Personnage tourné un peu à gauche; il est couvert d'une armure, sur laquelle tombe un large col.

Figure très-finement burinée, la plus grande partie au pointillé.

H. du médaillon, 0,088;   L. 0,068.
H. totale,   0,120;   L. 0,070.

Sur le socle: *Abraham de Fabert maréchal de France.*
A la bordure: *J. Daullé sculp.*
B. Nat., B. Arb.
Man. de Ch. Le Bl., n° 27.

---

18 — FAVART (Mademoiselle).

Elle est représentée en pied, au milieu de la campagne, dans un costume de paysanne; attitude raide et prétentieuse. On aperçoit au fond des bâtiments de ferme et un pigeonnier; sur le côté, une vache au premier plan.

Cette gravure est ordinaire, et n'a certainement pas le mérite qu'on lui a attribué dans des biographies sommaires de Daullé où elle est citée. La tête n'est pas réussie, elle est déparée du reste par un chapeau disgracieux; les yeux ne sont pas bien rendus, le sourire est forcé. La peinture n'était peut-être pas favorable au graveur; toutefois quelques détails de vêtement sont bien burinés.

H. 0,470;   L. 0,317.

A la marge: *Portrait en pied de Mad^elle Favart.*

En bordure: *peint par Vanloo — gravé par J. Daullé graveur du roi 1754.*

Et plus bas on lit ces vers :

L'amour sentant un jour l'impuissance de l'art,
De Bastienne emprunta le nom et la figure ;
Simple, tendre, suivant pas à pas la nature,
Et semblant ne devoir ses talents qu'au hazard.
On demesloit pourtant la mine d'un espiègle
Qui fait des tours, se cache, afin d'en rire à part,
Qui séduit la raison et qui la prend pour règle,
Vous voïez son portrait sous les traits de Favart.

Se vend chez Daullé Gr du roi rue du Plâtre St Jacques dans la maison neuve à côté du collège.

Autre état avec les vers, mais sans le nom *Favart.*

B. Nat. B. Abb.

Man. de Ch. Le Bl., n° 28 : *Favart (Madelle) dans le rôle de Bastienne, figurée en pied sur un fond de paysage. Carle Vanloo. Gr. in-fol.*

Cat. Vign., V. Hochart, 1869, n° 1162. — Id. V. Hourlier, 1870, n° 356. — Id. mars 1870, n° 271. — Id. mai 1870, n° 295.

Rec. Vᵉ Daullé, n° 29 : *Madame Favart dans l'habillement de Bastienne, telle qu'on l'a vue jouer sur le théâtre Italien.*

Huber et Rost, t. viii, sujets divers, n° 23.

—

19 — FÉNÉLON (François de Salignac de la Motte).

Portrait dans un médaillon ovale, posé sur un socle. Physionomie expressive ; très-finement buriné.

H. 0,121 ; L. 0,120.

A la marge : *François de Salignac de la Motte Fénélon, archevéque de Cambray, né en Périgord le V aoust MDCLI, mort à Cambray en MDCCVII.*

A la marge, en bordure : *Jos. Vivien pinx. — J. Daullé sculp.* 1739.

B. Nat., B. Abb.

—

20 — GALLAND.

Portrait dans un médaillon ovale équarri, posé sur un socle. Ecclésiastique, vu de face, la tête couverte d'une calotte, ayant une croix suspendue au cou. Au fond, une partie de bibliothèque avec draperies. Armes à la marge, au milieu du titre.

Jolie gravure, finement burinée.

'H. 0,310 ;   L. 0,206.

Le titre sur le socle : *Stephanus Galland, abbas generalis bon. reg. s. aut Viennensis elect.* **II Juli 1747.**

A la marge, en bordure : *peint par C. Chevalier Lombard — gravé par* **J.** *Daullé, grav. du roi.*

B. NAT.

—

21 — GASPARINI.

Médaillon ovale équarri, contre un fond figuré en pierre, et posé sur un socle. Ecclésiastique vu de face, portant une simple croix en sautoir ; armes au milieu du socle.

Bonne gravure ; figure bien modelée.

H. 0,325 ;   L. 0,214.

Titre dans le cadre du médaillon : *Nic. Gasparini, abbas gnalis can. reg. s. aut. Viennensis.*

Dans la gravure, contre le socle : à g., *peint par* **J. B.** *Lombard.* — à dr., *gravé par* **J.** *Daullé en* 1737.

B. NAT.,   B. ABB.

—

22 — GASPARINI.

Même portrait, mais cadre du médaillon moins large ; simple ovale équarri, sans socle et sans armes. Le personnage a la même pose et la même attitude ; simple croix en sautoir.

Gravure assez bonne.

H. 0,198 ;   L. 0,138.

On lit seulement à la bordure à gauche, dans la gravure : **J.** *Daullé fecit* 1737.

Epreuve avant la lettre.

Cette gravure est en quelque sorte un autre état, assez modifié, de la première.

B. NAT.

23 — GAUFFECOURT.

Personnage à la physionomie très-expressive, vêtu d'une robe de chambre, la tête tournée à droite, couverte d'un bonnet fourré. Il est assis et négligemment accoudé sur une table placée devant une fenêtre et en partie cachée par des draperies. Il a le doigt indicateur levé dans l'attitude de la démonstration. Des livres sont posés contre les pieds de la table ; sur l'un d'eux, on lit : *l'Art d'aimer.*

Très-belle gravure finement burinée et avec soin ; les détails sont tous bien rendus.

H. 0,320 ;   L. 0,341.

A la bordure de la gravure : à dr., *peint par Nonnotte, peintre du roi.* — à g., *gravé par J. Daullé graveur du roi 1754.*

Sous le titre :

Lœtus in præsens animus, quod ultra est
Oderit curare, et amara lento
Temperet risu.

(Hor. ad Grosphum carm. XVI livre 2).

Autre état sans le titre, mais avec les vers.

B Nat.

Man. de Ch. Le Blanc, n° 30, avec cette indication : *Gauffecourt de Genève, ami de J. J. Rousseau, Nonnotte, in-fol. presque carré,* 1754.

Cat. Vign., V. Hourlier, juin 1870, n° 358.

Heller, p 150.

Huber et Rost, t. 8, n° 11 : *Portrait de Gauffecourt de Genève, que son ami J J. Rousseau a fait graver à Paris ; peint par Nonnotte, gravé par J. Daullé 1754, in-fol. presque carré.*

---

24 — GENDRON.

Personnage représenté à mi-corps dans l'embrasure

d'une fenêtre formant encadrement. Il est revêtu d'un manteau, sa tête est couverte d'un bonnet; il tient devant lui un livre ouvert, dont quelques feuillets sont déchirés. Le corps est vu de face, la figure tournée un peu à gauche.

Très-belle gravure, harmonieuse de tons, d'un effet réellement artistique; la figure, qui se dégage bien, est modelée avec une finesse et une perfection remarquables; le velours du manteau et de la toque est parfaitement rendu. C'est là bien certainement un des meilleurs portraits gravés par Daullé; il est supérieur à celui de Lemercier et peut-être même à celui de Rigaud.

H. 0,434;   L. 0,344.

Dans la gravure, au bas: *Claudius Deshais Gendron doctor med. facult. Monspel.*

Plus bas, toujours dans la gravure: *Peint par Hyacinthe Rigaud, écuyer, chevalier de l'ordre de Saint Michel. — Gravé par J. Daullé 1737.*

Etat avant toute lettre.

Autre état aussi avant toute lettre, mais on lit au bas, dans la gravure, à droite: *Nav.*

B. Nat., B. Abb.

Man. de Ch. Le Blanc, n° 31.

Cat. Vign., V. Hochart, décembre 1869, n° 1164: « Gendron, docteur en médecine, in-fol. » — Id. V. Hourlier, 1870, n° 358.

Basan: « Portrait de Gendron, fameux oculiste, d'après Rigaud. »

Heller, p. 150.

Ruber et Rost, t. 8, n° 4.

---

25 — HECQUET (Philippe).

Personnage revêtu d'une robe avec rabat, la tête couverte d'une longue perruque; physionomie douce et intelligente; la tête est tournée un peu à droite.

Bonne gravure, figure bien modelée.

H. 0,110;   L. 0,087.

A la marge: *Philippe Hecquet, d. reg. et ancien doïen de la fac. de méd. de Paris, né à Abbeville le 11 fév. 1661, et mort à Paris le 11 avril 1737.*

> *Dans son art il n'oublia rien*
> *Pour sonder à fond la nature,*
> *Mais la science du chrétien*
> *Lui parut toujours la plus sure.*
> *A ces deux traits, lecteur, augure*
> *Qu'il fut grand médecin, mais plus homme de bien.*

En bordure: *Le Belle pinx. — J. Daullé sculp.*

B. Nat. B. Abb.

Cat. Vign., V. Hochart, décembre 1869, n° 1157: 5. Hecquet (P.), in-8°.

Cette gravure est d'autant plus précieuse pour nous qu'elle contribue à conserver le souvenir d'une des illustrations de notre pays, dont le nom est encore aujourd'hui dignement porté par un de ses descendants, M. le docteur Anatole Hecquet, notre collègue de la Société d'Emulation. Dans l'*Almanach du Ponthieu* de l'année 1765, on cite Hecquet parmi les hommes célèbres d'Abbeville, en ajoutant: « auteur du livre si bien connu, *la Médecine des pauvres.* » — On sait que Philippe Hecquet a écrit un grand nombre d'autres ouvrages. (Voyez *Biographie d'Abbeville*, par M. Louandre père).

On a fait sur ce personnage une autre petite pièce de vers que nous avons trouvée dans les notes de M. Delignières de Bommy:

> Lecteur, reconnais à ces traits
> Un confident de la nature
> Qui, nous révélant ses secrets,
> Mit la mort même à la torture.
> De Dieu, de la grace enchanté
> Son cœur en fut toujours avide;
> Aussi l'austère probité
> Ne cessa point d'être son guide.

Enfin, dans les albums de M. de Bommy, qui nous ont été obligeamment communiqués par notre savant collègue M. Ch. Louandre, au nom des héritiers de M. Delignières de Saint-Amand, nous avons trouvé une note intéressante et qui est relative précisément à ce portrait :

« Les confrères et les amis de M. Philippe Hecquet avaient eu
« beau le solliciter pour faire tirer son portrait, il n'avait jamais
« voulu y consentir, et on ne l'aurait jamais eu sans l'adresse
« de M. Rencamme, son ami particulier. Il connaissait la dame
« Le Belle, sœur de la fameuse Melle Chéron et sœur d'un peintre
« estimé, laquelle, outre le talent de travailler agréablement de
« miniature, possédait celui de peindre de mémoire, quelqu'in-
« commodité qu'elle avait aux yeux; cela fit naître à M Rencamme
« l'idée d'une ruse innocente et lui fournit le prétexte de mener
« cette dame chez M. Hecquet comme pour le consulter. Pendant
« qu'il conversait avec M. Rencamme et M. Finot, elle eut le
« temps de l'examiner et de s'en graver les traits et la physio-
« nomie dans la mémoire. De retour chez elle, elle ébaucha son
« esquisse, et plusieurs visites que M. Hecquet lui fit pour la
« conduire dans les remèdes qu'il lui procurait, la mirent en état
« d'achever son ouvrage. M. Le Belle en fit ensuite la copie en
« grand, et l'on ne se cacha plus de M. Hecquet qui vit que sa
« résistance avait été vaine, et qui se prêta, quoiqu'à regret, au
« besoin que le peintre avait de sa présence pour donner les
« derniers coups à ce portrait sur lequel on grava le jetton qu'il
« fit distribuer lorsqu'il sortit de la charge de doyen de la faculté
« de médecine, en 1714. Ce fut aussi d'après ce portrait que
« Jean Daulié, graveur, né à Abbeville en juin 1701, a gravé le
« portrait ci dessus. Ce portrait, peint en grand par Le Belle,
« existe encore à Abbeville en 1810, chez M. Hecquet d'Orval,
« dont le père l'eut, pour un tapis de pied, de M. Lennel l'aîné,
« qui l'avait eu de sa tante, Mlle Le Sergeant, petite-nièce dudit
« Ph. Hecquet. Ce portrait se trouve copié chez M. Hecquet de
« Roquemont, ainsi que dans le tableau des hommes illustres
« nés à Abbeville qu'on voit dans la bibliothèque de l'hôtel-de-
« ville de la même ville, et aussi dans un plus petit tableau pareil

« chez M. Choquet, peintre, né à Abbeville, et auteur de l'un et
« l'autre tableau, et aussi de la susdite copie chez M. Hecquet de
« Roquemont. » (1)

(*Vie de M. Hecquet*, par M. de Saint-Marc, etc., 2ᵉ édition,
p. 49 ; *Supplément au Dictionnaire de Bayle*, par Chauffepié,
tome 2, à la lettre H, page 70 ; Nilson (ou Nuron), tome 41 ;
Bibliothèque française, tome 28).

—

26 — LAMOIGNON (DE).

Médaillon ovale, posé sur un socle à gorge concave
et appliqué sur un fond figurant une muraille. Personnage à mi-corps, presque de face, la figure tournée un
peu à droite, la tête couverte d'une longue perruque,
la main gauche gantée. Il est assis dans un fauteuil et
est revêtu d'une robe de magistrat avec rabat en dentelle. A gauche, on aperçoit une partie d'un grand livre
fermé ; armes entre le médaillon et le socle.

Excellente gravure, une des meilleures du maître. La figure du
personnage est parfaitement burinée et finement modelée ; les
yeux surtout sont bien rendus, ainsi que les détails de la coiffure.
On peut admirer dans cette pièce toute la souplesse avec laquelle
l'artiste a su manier le burin, notamment dans les tailles contournées.

H. du médaillon, 0,173 ;   L. 0,143.

H. totale,   0,330 ;   L. 0,226.

On lit sur le socle : *De Lamoignon offerebat Paulus
Franciscü de l'âge du Tyrac, Santonensis.*

Et dans l'encadrement du médaillon ovale : *Guillel-
mus Christianus de Lamoignon Galliæ Cancellarius.*

B. NAT.,   B. ABB.

(1) Il y a également une copie de ce portrait chez M. Beaucousin, juge-
de-paix.

Sur les épreuves qui me sont passées sous les yeux dans les collections de Daullé, il n'y avait pas de nom de peintre ni de graveur.

—

27 — LAMOIGNON (Guillaume de).

Portrait différent; médaillon ovale équarri, posé sur un socle formant une courbe. Personnage en robe avec rabat; perruque moins longue que sur l'autre gravure; physionomie expressive très-bien rendue; figure large, épanouie, assez laide et marquée de petite vérole.

Bonne gravure.

H. 0,253; L. 0,185.

Autour du médaillon: *Guillaume de Lamoignon, né le 8 mars 1683, chancelier de France le 9 décembre 1750.*

A la marge, sous la gravure: à g., *Peint par Valade.* — à dr., *Gravé par J. Daullé, gr. du roi,* 1755.

B. Nat., B. Abb.

Cat. Vign., V. Hochart, décembre 1869, n° 1173. — Id. V. Duchamp, mars 1867, n° 71, in-4°. — Id. V. novembre 1868, n° 141.

—

28 — LAUBRIÈRE (Lefebvre de).

Ecclésiastique assis dans un large fauteuil à dossier sculpté, devant une table contre laquelle il tient un grand livre ouvert. Sur la table est posée une mappemonde; bibliothèque dans le fond. Le corps du personnage est tourné à droite, la figure regardant en face; elle a peu d'expression. Au bas, armes surmontées d'un chapeau de cardinal.

Bonne gravure; les détails de dentelles et de broderies du surplis sont très-délicatement et très-finement rendus; de même les armes.

H. 0,497 ;   L. 0,365.

Titre dans la gravure même : *Carolus Franciscus Lefebvre de Laubrière, Episcopus Suessionensis, regi ab omnibus conciliis et parlamentis, offerebat Hieronymus Nicolaüs Henrion, canonicus ecclesiæ Suessionensis.*

A la bordure : à g., *peint par Aved* — à dr., *gravé par Daullé,* 1736.

B. Nat., B. Abb.

Man. de Ch. Le Blanc, n° 32. — Cat. Vign., V. Hochart, décembre 1869, n° 1165. — Heinecken, t. 4, p. 550. — Huber et Rost, t. 8, n° 7.

—

29 — LEMERCIER (Pierre-Augustin).

Portrait figuré sur une toile ovale posée contre deux colonnes au milieu de l'estampe. Dans le fond, à gauche, on aperçoit les rayons d'une bibliothèque. Contre une des colonnes sont posés deux livres sur le dos desquels on lit : *Diction. de Moreri.* Le personnage est représenté à mi-corps, portant une longue perruque bouclée, un rabat sur la poitrine ; il tient un livre à la main. Draperie qui passe entre les deux colonnes et retombe à à gauche sous le médaillon.

Magnifique gravure ; la tête est admirablement modelée et burinée ; expression de figure très-bien rendue. Le portrait sur la toile ovale se détache bien de l'ensemble de la composition et fait un heureux effet.

H. 0,458 ;   L. 0,359.

Larg. de la toile ovale, 0,215.

A la marge, le titre : *Pierre-Augustin Lemercier, imprimeur ordinaire de la ville, ancien syndic de sa communauté, mort le 9 janvier 1734, âgé de 68 ans.*

A la bordure, sous la gravure : à g., *peint par L. Vanloo, P^er peintre du roy d'Espagne.* — à dr., *gravé par J. Daullé.*

Autre état avant toute lettre ; sur le dos du livre posé à droite contre une colonne, au lieu des mots : *Diction. de Moreri*, on lit : *J. Daullé sculp.* Le tirage en est meilleur.

B. Nat., B. Abb.

Man. de Ch. Le Blanc, n° 33.

—

30 — LORRAINE (Charles de).

Médaillon posé sur un socle ; personnage couvert d'une armure sur laquelle est posé un manteau d'hermine ; il porte le cordon de la Toison d'Or en sautoir.

Gravure ordinaire.

H. 0,256 ;   L. 0,174.

Haut. du médaillon, 0,197.

A la marge :

Charles-Alexandre de Lorraine, né le 12 décembre 1712.

Peint à Vienne par Martin de Meytens, gravé par J. Daullé, graveur du roy.

Se vend à Paris, chez Daullé, rue des Noyers.

Etat avant toute lettre.

B. Nat.

Man. de Ch. Le Blanc, n° 35.

Ch. Le Blanc, dans son *Cat. de Wille*, signale cette pièce comme due à la collaboration de Daullé et de ce graveur.

Huber et Rost, t. 8, n° 12.

—

31 — LOUIS XV.

Portrait dans un petit médaillon ovale , au milieu d'un frontispice de livre qui renferme la dédicace.

Jolie gravure, genre vignette.

H. 0,332 ;   L. 0,240.

A la marge :

Ludovico XV, regi christianissimo, pio, felici, semper augusto, cujus auctoritate et exemplo virtus colitur, cujus patrocinio et munificentia bonæ artes florent, cujus sapientia et fortitudine prolati sunt imperii fines, cujus magnanimitate et temperantia pax victoriarum comes gloriam gentis, populorum felicitatem orbis securitatem firmat, ultro se vovent, dant, discant, consecrant rerum Gallicarum et Franciscorum scriptores.

Bourgoin scrip. — Edm. Bouchardon sculptor regius delin. — Joan. Daullé sculp. 1739.

B. Nat.

—

32 — LOUIS XV.

Médaillon posé sur un socle très-simple. Personnage jeune, vu à mi-corps, revêtu d'une armure, la tête nue, les cheveux longs par derrière, tenant un chapeau à plumes sous le bras, et ayant un large cordon en écharpe. Le corps et la figure sont tournés un peu à gauche.

Bonne gravure.

H. 0,273;   L. 0,187.

Sur le socle même, le titre : *Louis quinze roy de France et de Navarre.*

A la bordure du socle : *Vanloo pinx. — Daullé sculp.*

A la marge : *Se vend à Paris, chez Hecquet, place de Cambray, à l'image St Mort.*

Autre état sans le titre, mais avec les autres mentions.

B. Nat.

—

33 — LOUIS XV.

Médaillon ovale posé sur un socle sur lequel est gravé le titre. Personnage vu de trois quarts et à mi-corps, la tête nue et tournée à gauche, les cheveux assez courts pour l'époque et renversés en arrière, le nez arqué, la lèvre inférieure un peu tombante. Il est couvert d'une armure et porte un cordon en écharpe.

La gravure est assez bonne, sobre d'effets, mais les yeux sont trop grands ; celui de gauche surtout est trop saillant.

H. 0,312 ;   L. 0,200.

Sur le socle : *Louis XV.*

Et au-dessous : *Hyacinthe Rigaud.*

Au bas, à la marge : *Cette teste a esté dessinée par Jean-Batiste Lemoine, gravé par Jean Daullé* 1738.

Etat avant la lettre, avec cette seule mention : *Cette teste*, etc.

B. Nat.,   B. Abb.

—

34 — LOUIS XV, *Dauphin de France.*

Médaillon ovale équarri, sur un fond mat, et posé sur un socle. Portrait d'enfant tout jeune, la tête couverte d'un bonnet de forme assez singulière, chargé de broderies et posé sur le côté de la tête ; un large cordon en écharpe autour du corps. A chaque coin de la gravure, une fleur de lys dans une branche de feuillage. Au bas, sur le socle, de chaque côté, deux monstres marins (dauphins). Même genre, comme forme de gravure, que Louis-Philippe d'Orléans, duc de Chartres, mais celle-ci plus ornementée.

Bonne gravure ; figure assez bien modelée, les yeux un peu grands.

H. 0,390 ;   L. 0,270.

Sur le socle : *A. S. Belle pinxit — J. Daullé sculp.*

Autour du cadre ovale : *Monseigneur le Dauphin de France, né à Versailles le IV septembre M.DCC.XXIV.*

Au bas : *A la très-haute et très-puissante dame Charlotte-*

Eléonore-Madeleine de la Motte-Houdancourt, duchesse de Ventadour, princesse de Maubuisson, gouvernante du roy, des enfants de France et surintendante de leurs maisons, par son très-humble et très-respectueux serviteur BELLE.

A Paris, chez le sieur Belle, peintre, à l'entrée de la rue du Four-St-Germain, et chez la veuve F. Chereau, rue Saint-Jacques, aux deux Pilliers d'or, avec privilège du roy.

B. NAT., B. ABB.

Cat. Vign., V. nov. 1867, n° 674, in-fol. — Autre V. nov. 1867, n° 157.

Le dessin de cette gravure se trouve à la bibliothèque d'Abbeville.

---

35 — LOUIS XV.

Médaillon ovale équarri, posé sur un socle. Le personnage est couvert d'une cuirasse; ses cheveux sont longs, bouclés, et se terminent par une tresse qui retombe par-devant sur l'épaule droite. Large cordon en écharpe; le corps de face, la figure tournée à droite.

Bonne gravure.

H. 0,314; L. 0,190.

Sur le socle, le titre : *Louis quinze.*

Au bas du socle, mais toujours dans la gravure :
Peint par Hyacinthe Rigaud, écuyer, chevalier de l'ordre de St Michel. — Gravé par J. Daullé, 1737.

B. NAT., B. ABB.

Cat. Vign., V. Ch. Le Blanc, 1866, n° 1189.

---

36 — LOUIS, *Dauphin de France.*

Médaillon ovale équarri, posé sur un socle. Personnage à la figure jeune et même enfantine, portant une cuirasse sous ses vêtements ; la main gauche posée **sur** un casque surmonté d'un panache, l'autre sur la hanche. Le corps est tourné à droite, la figure de face.

H. 0,360 ;   L. 0,237.

Haut. du médaillon, 0,270.

Le titre est dans la gravure, sur le socle.

Et au-dessous, toujours dans la gravure :

Gravé par J. Daullé, d'après la tête originale peinte par J. Louis Toqué.

Sur d'autres épreuves, on lit encore au-dessous, toujours dans la gravure, entre l'estampe et un petit filet d'encadrement :

Se vend à Paris, chez Daullé, rue Saint-Jacques, à Saint-François, vis-à-vis la rue de la Parcheminerie.

B. Nat., B. Abb.

Cat. Vign., V. Hochart, déc. 1869, n° 1160. — Id. mai 1867, n° 34, in-fol.

Ch. Le Blanc, dans son *Cat. de Wille*, signale cette pièce comme due à la collaboration de Daullé et de ce graveur.

—

37 — LOUIS, *Dauphin, fils de Louis XV.*

Médaillon ovale équarri ; jeune homme couvert d'une armure sur laquelle est posé un manteau d'hermine qui ne couvre que l'épaule gauche ; il porte le cordon de l'ordre de la Toison d'Or en sautoir ; le corps est tourné à droite, la figure de face.

Gravure ordinaire ; aspect chatoyant.

H. 0,253 ;   L. 0,160.

Haut. du médaillon, 0,207.

Epreuve avant toute lettre. D'après une note au crayon que j'y vois à la Bibliothèque Nationale, ce serait Louis, dauphin, fils de Louis XV. — Il y a une partie laissée en blanc entre le médaillon et le filet d'encadrement, sans doute pour un socle qui doit figurer sur les épreuves avec la lettre ; je n'ai pu trouver la pièce dans ce dernier état.

—

38 — MAILLY (LOUIS DE).

Personnage couvert d'une armure comp'ète, portant un cordon en écharpe. Il est représenté debout, près de la mer, le bras droit tendu vers l'horizon, tenant son épée du bras gauche. Derrière lui, un individu coiffé d'un turban lui tient son casque. Armes au bas : écusson soutenu par des lions.

Bonne gravure.

H. 0,367 ;   L. 0,270.

A la marge : *Louis de Mailly, marquis de Néelle, prince d'Orange, chevalier des ordres du roi.*

B. NAT.

Ce personnage, Louis-Alexandre de Mailly, épousa, le 16 mars 1710, la comtesse Julie de Nesle, comtesse de Mailly, qui fut une des maîtresses de Louis XV.

—

39 — MARÉCHAL (GEORGES).

Médaillon rond et équarri, posé sur un socle. Personnage avec une longue perruque, la tête presque de face.

Gravure très-fine ; la tête est délicatement burinée ; expression de figure bien rendue.

H. 0,093 ;   L. 0,082.

Sur le socle : *Georges Maréchal, cons.r 1er chirurgien du roi, chev. de l'ordre de St Michel, né à Calais en 1658, mort en son château de Bièvre le 13 décembre 1736.*

Au-dessus du socle, dans la gravure : à g., *Fontaine pinx.* — à dr., *J. Daullé sculp.*

Etat avant toute lettre. Sur des épreuves, on lit en outre à la marge : *A Paris, chez Odieuvre, m^d d'Estampes, quay de l'Ecole, vis-à-vis la Samaritaine, à la belle image. C. P. R.*

B. Nat.

Cette pièce se trouve dans un *Recueil des Portraits de l'Histoire de France*, par Velly et Villaret, t. 2, p. 18 (Biblioth. de M. Julien de Mautort, à Abbeville) ; mais les dimensions sont plus grandes à cause d'un encadrement rapporté :

H. 0,147 ;   L. 0,100.

Cat. Vign., V. Durand, mai 1870, n° 261.

—

40 — MARIE, *Princesse de Pologne, Reine de France et de Navarre.*

Grand portrait en pied. La reine, vêtue d'une robe de brocard à fleurs, les épaules couvertes d'un manteau d'hermine fleurdelisé, est debout dans une salle de palais, devant une console où se trouve une couronne posée sur un coussin.

Pièce très-remarquable par ses dimensions et son exécution ; les détails du costume d'apparat sont chatoyants et bien rendus ; la pose est assez heureuse, la figure bien modelée et finement burinée.

H. 0,628 ;   L. 0,482.

A la marge : *Marie, princesse de Pologne, reine de France et de Navarre.*

Au-dessous : *Peint par J. Tocqué, gravé par J. Daullé, graveur du roi et de la Société impériale d'Augsbourg. A Paris, chez la veuve Daullé, quay des Augustins.*

Etat avant toute lettre.

Rec. V° Daullé, n° 80 : « Portrait en pied et en manteau royal de Marie, princesse de Pologne, reine de France, morte en 1768. »

B. Nat., B. Abb.

Le tableau de Tocqué, qui a été reproduit par la gravure ci-dessus, fait partie de la collection du Louvre, et a été catalogué par **M.** Frédéric Villot, conservateur des peintures, dans sa remarquable *Notice des tableaux exposés dans les galeries du Louvre*, 3° partie, école française, 14° édition, sous le n° 577, avec les indications suivantes :

« Portrait de *Marie Leczinska*, reine de France, née en 1703, morte en 1768.

« H. 2^m,80 ;   L. 1^m,90.

« Toile — figure en pied, de grandeur naturelle, tiré de la collection de Louis XV. »

---

41 — MARIE-JOSÈPHE, *Reine de Pologne.*

Portrait en pied, faisant pendant avec celui *d'Auguste III, roi de Pologne* (n° 4). La reine est vêtue d'une robe de brocart rehaussée d'ornements, fleurs, grappes de raisin ; elle est décorée de plusieurs ordres en pierreries, et tient un éventail d'une main. A gauche, draperies, vase avec guirlande de fleurs.

Bonne gravure.

H. 0,668 ;   L. 0,481.

Marie-Josèphe, reine de Pologne, électrice de Saxe, archiduchesse d'Autriche.

Peint par Louis de Silvestre, premier peintre du roy de Pologne, électeur de Saxe, à Dresde, 1737. — Gravé par J. Daullé, graveur du roy, à Paris, 1750.

Ce portrait fait partie de la collection de la galerie de Dresde et figure en tête du second volume à la Bibl. Nat.

B. **Nat.**

Cat. Vign., V. Chaussier, 1868. — Id. n° 227 : « *Marie-Thérèse*, électrice et reine, par Daullé, d'ap. Silvestre, portrait grand in-fol. en pied. » — Id. V. Hourlier, n° 360.

42 — MARIE-THÉRÈSE, *Reine de Hongrie.*

Médaillon ovale équarri, avec cadre de pierre, posé sur un socle. La reine est en buste, le corps de face, la gorge découverte, revêtue d'une robe de brocard recouverte du manteau royal enrichi de pierreries. Elle a les mains et une partie des bras cachés par l'encadrement ; à droite, un diadème surmonté d'une croix.

Ornements et détails finement burinés, mais les nus, la figure et surtout les yeux sont moins réussis.

H. 0,2·8;   L. 0,134.

Sur le socle : *Marie-Thérèse, reine de Hongrie, née le 13 mai 1717.*

A la bordure, dans la marge : à g., *peint à Vienne en 1743 par Martin Demeytens* — à dr., *gravé par J. Daullé, grav. ord. du roy.* ·

Etat avant toute lettre.

B. NAT.,   B. ABB.

Cat. Vign., V. Ch. Le Blanc, 1866, n° 1188 : « Marie-Thérèse, reine de Hongrie, in-4°. »

Rec. V° Daullé, n° 77.

---

43 — MARIETTE (JEAN).

Portrait dans un encadrement en pierre, avec cassures simulées. Personnage debout, le corps tourné à gauche, la figure de face, appuyé du bras gauche sur le dossier d'un fauteuil, la tête couverte d'une longue perruque. Il tient de la main droite un carton posé sur une commode, et de l'autre un crayon double. Draperies à droite.

Excellente gravure; la figure est d'une finesse et d'une délitesse de burin incomparables.

H. 0,423;   L. 0,288.

Jean Mariette, graveur et libraire, né à Paris le 22 juillet 1660 et mort le 19 septembre 1742.

Peint par Antoine Pesne en 1723 — Gravé par J. Daullé, graveur du roi, en 1747.

État avant toute lettre.

Il y a un autre état, ou plutôt on pourrait dire une autre gravure. Dans celle-ci, les dimensions sont les mêmes, ainsi que la pose et l'attitude du personnage, mais la planche a été remaniée sur certains points. Ainsi dans cet autre état, vu à la Biblioth. Nat., à Paris, la perruque est plus longue; il y a à la commode une poignée qui ne se trouve pas sur le 1ᵉʳ état; la draperie à droite tombe plus bas sur le dossier du fauteuil, et sous cette draperie, on voit l'habit du personnage qui dépasse. Sur le premier état, au contraire, on ne voit que la draperie.

B. Nat., B. Abb.

Mentionné sous le n° 36, Œuvre de Daullé, Man. de Ch. Le Blanc.

Cat. Vign., V. nov. 1866, n° 127, in-fol. — Id V. Ch. Le Blanc, mai 1866, n° 1182. — Huber et Rost, t. 8, n° 17. — Basan, *Dictionn. des Graveurs.*

—

44 — MAUPERTUIS (de).

Personnage couvert d'un vêtement garni de fourrures, le corps tourné à gauche, la figure de face; il est assis sur le rebord d'une fenêtre par laquelle on aperçoit au loin la mer et des montagnes; sa main est appuyée sur un globe terrestre, une carte est posée près de lui. Au bas, un socle ou cartouche allongé, sur lequel est représenté un homme emporté dans un traîneau par un renne.

Bonne gravure; figure calme et placide finement burinée; détails de costume bien rendus.

C. D.   5

H. 0,499 ;   L. 0,347.

Sur le cartouche :

Ce globe mal connu qu'il a sçu mesurer
Devient un monument où sa gloire se fonde ;
Son sort est de fixer la figure du monde,
De lui plaire et de l'éclairer.

Par Mr de Voltaire.

Et au-dessous, toujours dans la gravure : *Pierre-Louis Moreau de Maupertuis.*

A la bordure, en marge : *Peint par Tournière, gravé par Daullé.*

1er état : avant toute lettre. — 2me état : avant la lettre, mais avec les vers de Voltaire.

B. Nat., B. Abb.

Man. de Ch. Le Blanc, n° 37 — Cat. Vign., V. Hochart, déc. 1869, n° 1157-4 et 1167, in-fol. — Id. V. nov. 1867, n° 675. — Id. V. Hourlier, 1870, n° 357. — Id. V. Durand, 1870, n° 261. — Basan, *Dictionn. des graveurs.* — Huber et Rost, t. 8, n° 14 : « Portrait historié d'après R. Tournière. »

Diverses parties de ce portrait ont été faites par Wille. (Voir, sur sa collaboration, extraits de son journal). D'après une note de M. Duplessis, qui a publié ce journal, le portrait a été terminé en 1751.

Le portrait de Maupertuis a été aussi gravé par Desrochers. (Collect. de M. de Saint-Amand).

—

48 — MAUPERTUIS (de).

Gravure différente ; portrait beaucoup plus petit, mais du même genre. On ne voit que le buste du personnage qui est tourné dans un sens opposé à celui de la planche précédente ; son costume est le même. Le cartouche où sont les vers a été laissé plus en blanc.

Gravure assez fine.

H. 0,150 ;   L. 0,145.

Les mêmes vers de Voltaire dans le cartouche.

A la marge, en bordure : à g., *peint par Tournière.* — à dr., *gravé par J. Daullé* 1755.

Etat avant toute lettre.

Autre état : gravure moins large : H. 0,150 ; L. 0,096.

B. Nat , B. Abb.

---

46 — MEERMAN (Gerardus).

Personnage dans une attitude un peu raide et forcée, le corps tourné à droite, la figure vue de trois quarts ; il est couvert d'un vêtement bordé de fourrures. Armes dans la gravure même, au milieu du titre, avec deux lions de chaque côté de l'écusson.

Tête fine, bien posée et assez bien modelée ; les détails de manchettes et de col sont bien rendus.

H. 0,207 ;   L. 0,157.

A la bordure, sous la gravure : *peint par Peronneau — gravé par J. Daullé.*

Dans la gravure même, au bas, le titre : *Gerardus Meerman , reipublicæ Roterodamensis consiliarius et syndicus.*

Trois états avec la lettre :

1er état : celui ci-dessus ; la gravure est moins fine, le burin est moins accusé, surtout aux armes.

2me état : après *J. Daullé*, il est ajouté : *grav. du roi* 1763.

3me état, le plus complet ; on lit dans une guirlande qui est au bas de l'écusson : *Gaudeant bene nati.*

B. Nat.

Man. de Ch. Le Blanc, n° 38 : « *Moermann (Gérard)*, conseiller « et syndic de la ville de Rotterdam ; Perroneau, in-fol. 1753. »

Huber et Rost, t. 8, n° 10.

47 — MIGNARD (Catherine).

Elle est représentée debout, le corps tourné un peu
de côté, la figure de face, la gorge en partie découverte,
le bras gauche nu jusqu'au coude et soutenant des
draperies, les cheveux roulés en boucles sur la tête et
ornés de fleurs et d'une pierre précieuse. Son costume,
de forme antique, est retenu par une ceinture enrichie
de pierreries. Elle soutient de la main droite une toile
placée sur une table au milieu de plusieurs gravures
et représentant un portrait au-dessous duquel on lit:
P. Mignard, premier peintre du roy. Armes dans le titre,
à la marge.

Très-belle gravure, le chef-d'œuvre du maître. La figure est
finement burinée avec un goût et un soin parfaits; les demi-
teintes sont bien fondues, les reliefs bien accusés; les détails de
draperies et surtout de linge et de dentelles sont merveilleusement rendus sans nuire à la largeur de l'ensemble.-Le portrait
du peintre Mignard, quoiqu'au second plan et formant accessoire,
n'en est pas moins bien accentué et soigneusement buriné; de
même une gravure dont on ne voit qu'une partie et qui représente la Vierge avec l'Enfant Jésus.

H. 0,400;   L. 0,303.

Au-dessous de la gravure : à g., *peint par P. Mignard,*
— à dr., *gravé par J. Daullé en* 1735.

A la marge : *Catherine Mignard, comtesse de Feuquière.*

Et plus bas : *Se vend chez l'autheur* (sic) *place de
Cambrai, à Paris.*

Il y a des épreuves sur lesquelles cette dernière mention ne se
trouve pas.

B. Nat.,   B. Abb.

Man. de Ch. Le Blanc, n° 29 : « *Feuquières* (*Catherine Mignard,
« comtesse de*), tenant le portrait de son père : Mignard, gr.
« in-fol. 1735. » — Cat. Vign., V. Hochart, déc. 1869, n° 1163,

in-fol. — Basan : « Le portrait de *Pierre Mignard* et celui de la
« *comtesse de Feuquières*, sa fille, m. p. en h. d'après ce peintre. »
— Heller, p. 150. — Rec. V° Daullé, n° 76. — Huber et Rost,
t. 8, n° 1.

---

48 — NESTIER (DE).

Personnage coiffé d'un tricorne, représenté à cheval
au milieu de la campagne. Il est tourné à droite, la
figure de profil et dans une attitude très-raide. Le
cheval est d'une grosse et lourde encolure ; on remarque sur sa cuisse les lettres R. E.

Bonne gravure, quoique d'un aspect un peu sec ; la figure du
personnage est assez finement modelée.

H. 0,483 ;   L. 0,375.

A la marge : *Monsieur de Nestier, écuyer ordinaire de
la grande écurie du roy.*

Sous la gravure : *peint par Delarue, 1751 — gravé par
Daullé, graveur du roi, 1753.*

Sous le titre : *A Paris chés Buldet, rue de Gesvres.*

B. NAT.,   B. ABB.

Cat. Vign., V. Pelletier, 1867, n° 343 : « *M. de Nestier*, écuyer,
« à cheval, in-fol. » — Id. V. nov. 1867, n° 157. — Id. V. Hourlier, 1870, n° 359. — Id. V. 1871, 2° part., n° 189.

---

49 — NONNOTTE.

Personnage vu de profil et en buste, dans un médaillon rond suspendu sur un fond moiré.

Même genre que les portraits de Vanloo et de Cochin, mais
moins réussi ; l'œil a une fixité peu naturelle ; il y a trop de
parties laissées en blanc, notamment le front ; la gravure ne
paraît pas terminée.

H. totale, 0,169 ;   L. 0,120.

Diamètre, 0,113.

A la marge : *D. Nonnotte, peintre du roy, et membre de l'Académie des sciences, belles lettres et arts de Lyon.*

En bordure : *Dessiné par lui-même et gravé par son ami Daullé, gr. du roi et de l'Acad. Imp. d'Augsbourg.*

B. ABB.

Man. de Ch. Le Blanc, n° 39, avec cette indication : « *Nonnotte* « (*D*), peintre..... d'après lui-même ; haut. 168^{mm}, larg. 120. »

Cat. Vign., V. Hochart, déc. 1869, n° 1157-3, in-4.

---

50 — ORLÉANS (LOUIS-PHILIPPE D').

Médaillon ovale équarri , posé sur un socle. Personnage tout jeune, les cheveux tombant sur le dos, vêtu d'un habit brodé, avec jabot de dentelles. Il est vu à mi-corps, tenant sous le bras gauche son chapeau orné de plumes et de broderies. Armes au bas, entourées de fleurs et de fruits contre le socle sur lequel on remarque un A et un S entrelacés.

La gravure est assez bonne, les détails bien rendus, la figure bien burinée.

H. du médaillon, 0,242 ;   L. 0,206.

H. totale,   0,396 ;   L. 0,271.

Dans le cadre ovale du médaillon : *Louis-Philippe d'Orléans, duc de Chartres, né à Versailles le XII may MDCCXXV.*

Au-dessus du socle : à g., *A. S. Belle pinxit* — à dr., *J. Daullé sculp.*

A la marge : *à Paris, chez le s^r Belle, peintre, à l'entrée de la rue du Four St Germain, et chez la veuve de F. Chereau, rue St Jacques, aux deux Pilliers d'or, avec privilège du roi.*

Etat avant toute lettre.

Sur l'une des épreuves qui me sont passées sous les yeux, j'ai vu à la marge, au dessus de la gravure, le mot abrégé suivant imprimé : *lat.*

Sur une épreuve de la B. Nat. se trouve l'indication suivante au crayon : *gravé en may* 1735.

B. Nat., B. Abb.

Cat. Vign., V. Hochart, déc. 1869, n° 1174. — Id. 1868, n° 42 : « *L. P. d'Orléans, duc de Chartres*, né en 1735 (erreur, c'est 1725), « encore jeune, in-fol., d'ap. Belle. »

Deux charmants dessins de cette gravure se trouvent à la Bibliothèque d'Abbeville dans le carton de Daullé ; le personnage y est représenté dans un sens différent à chaque dessin ; il n'y a que le simple médaillon renfermant le portrait.

—

81 — ORLÉANS (Louis d').

Médaillon ovale, posé sur un socle dans un cadre carré.

H. 0,272 ;   L. 0,188.

Vanloo pinx. — *J. Daullé sculp.*

Se vend à Paris, chez Hecquet, place de Cambray, à l'image St Mort.

B. Nat.

—

82 — ORLÉANS (Louis d'), *Duc d'Orléans.*

Médaillon ovale, posé sur un socle. Personnage tourné à gauche, couvert d'une armure, portant le cordon de l'ordre du Saint-Esprit en sautoir.

Beau portrait ; figure finement burinée, mais sans expression.

H. du médaillon, 0,243 ;   L. 0,190.
H. totale,   0,307 ;   L. 0,214.

On lit dans l'encadrement qui est autour du médaillon : *Louis d'Orléans, duc d'Orléans, premier prince du sang.*

Sur le socle : *Offerebat humil. seruus* (sic) *J. B. Bentivoglio Patricius Romanus, a musœo Montargiensi Barnabitarum.*

Au-dessus du socle, à la bordure : à g., *Car. Coypel pinx.* — à dr., *Jonnes* (sic) *Daullé sculp.*

B. Nat., B. Abb.

Cat. Vign., janv. 1868.

—

53 — ORLÉANS (Duc d').

Médaillon ovale équarri, posé sur un socle, avec cadre figuré en pierre. Personnage la tête presque de face, couvert d'une armure, portant les insignes de la Toison d'Or en sautoir et un large cordon en écharpe; longue perruque tombant sur le dos.

La gravure est bonne, les détails sont finement burinés; mais la tête manque d'expression, elle est moins bien réussie que le reste.

H. du médaillon, 0,113 ;   L. 0,093.

H. totale,   0,154 ;   L. 0,097.

On lit sur le socle : *Louis duc d'Orléans, premier prince du sang, né en 1703, mort en 1752.*

A la bordure du soclè, en marge : *Coypel pinxit — J. Daullé sculp.*

Cette pièce se trouve dans le *Recueil des Portraits pour l'Histoire de France*, t. VIII, p. 5. (Biblioth. de M. Julien de Mautort, à Abbeville).

B. Nat.

Cat. Vign., V. Ch. Le Blanc, mai 1866, n° 1183 : « *Louis duc « d'Orléans*, in-8°, d'ap. Coypel. »

54 — PALLU (LE PÈRE MARTIN).

Portrait dans un cadre carré figuré en pierres avec cassures. Personnage couvert d'un manteau , coiffé d'une calotte, tenant les yeux baissés. Il est représenté à mi-corps, tourné un peu à gauche, les mains juxtaposées ; de l'une, il tient un livre ouvert.

Bonne gravure ; figure bien modelée, presque toute entière au pointillé.

H. 0,256 ;   L. 0,185.

Sous l'encadrement, mais dans la gravure : *Le père Martin Pallu, de la compagnie de Jésus.*

Dans la gravure encore, en bordure : *Nonnotte pinx.* — *J. Daullé sculp.*

B. Nat.,   B. Abb.

Man. de Ch. Le Blanc, n° 40.

---

55 — PALLU (LE PÈRE MARTIN).

Ovale sur un socle ; même portrait, même dessin, mais gravure différente, beaucoup plus petite ; on ne voit que le buste du personnage, sans les bras.

La gravure est moins bonne, surtout pour la figure.

H. 0,117 ;   L. 0,068.

Dans le socle, sur un cartouche : *Le père Martin Pallu, de la compagnie de Jésus.*

A la marge, en bordure : *Nonnotte pinx.* — *J. Daullé sculp.*

Sur une épreuve, à la Biblioth. Nat., je lis ces mots écrits au crayon : *Gravé par J. Daullé en 1738.*

Etat avant toute lettre ; le cartouche du socle laissé en blanc.

B. Nat.

56 — PATOT.

Médaillon ovale équarri, posé sur un socle et appuyé contre un fond figurant une muraille en pierres avec cassures. Abbé en surplis, vu de face, la tête couverte d'une calotte, et portant une croix en sautoir. Armes entre le socle et le médaillon; elles consistent en un écusson supporté par deux enfants dont l'un porte une crosse.

Gravure assez bonne; figure bien modelée.

H. 0,370;   L. 0.281.

Le titre gravé autour du médaillon : *Franciscus Patot, abbas S^œ Genovefœ Parisiensis prœpos. General. canon. regul. congreg. Gal.*

*Gravé par **J. Daullé**, graveur du roi.*

Etat avant toute lettre.

Autre état semblable au précédent, sauf ces mots ajoutés :
Lex clementiœ in linguâ ejus.

Prov. c. 31 v. 26.

B. **Nat.**,   B. **Abb.**

Man. de Ch. Le Blanc, n° 41 : « *Patot (François)*, abbé de S^{te} « Geneviève, ovale, gr. in-fol. » — Cat. Vign., V. Hochart, 1869, n° 1167. — Heinecken, t. 4, p. 550. — Huber et Rost, t. 8, n° 8.

—

57 — PÉLISSIER (Mademoiselle).

Elle est représentée assise dans la campagne, accoudée sur une pierre, tenant une guirlande de fleurs entre les mains, les cheveux ornés de fleurs, la gorge découverte; l'expression de la physionomie est légèrement ironique. Draperies chatoyantes ; au loin, la campagne.

Très-belle gravure, un peu forcée de tons; les nus sont bien modelés, les détails de draperies et de fleurs sont parfaitement burinés.

H. 0,375 ;   L. 0,277.

A la marge : *Melle Pelissier*.

> *Par un art délicat, par un jeu patétique* (sic),
> PELISSIER, *vous donnez à la scène lyrique*
> *Du Théâtre François tous les charmes divers :*
> *Sans vous les opera* (sic) *ne sont que des concerts.*
>
>   *M. roy. avec privilège du roi.*

Se vend à Paris, chez Basan, rue du Foin.

H. Drouais, pinx. — gravé par J. Daullé.

Etat avant toute lettre.

Autre état aussi avant toute lettre, mais burin moins poussé au noir, plus de lumière ; quelques blancs trop mats, notamment sur le bras droit ; la planche a été évidemment retouchée dans l'état avec la lettre.

Autre état avec la lettre, mais avec l'adresse *chez Drouais*.

Autre avec les vers, mais sans le titre.

B. NAT., B. ABB.

Man. de Ch. Le Blanc, n° 42 : « Pelissier (*Melle*), actrice à « l'Opéra, en Flore. H. Drouais, in-fol. »

Cat. Vign., V. Pelletier, n° 344 : « *Melle Pelissier*, d'ap. Drouais, « in-fol., chez Drouais. » — Id. V. Ch. Le Blanc, mai 1866, n° 1184 : « *Melle Pelissier*, in-fol., avec adresse : chez Drouais. » — Id. n° 1185 : « La même, avec adresse : chez Basan. »

Basan, *Diction. des graveurs.* — Huber et Rost, t. 8, n° 15.

---

38 — PEYRONIE (DE LA).

Gravure carrée, avec encadrement. Personnage assis dans un fauteuil, devant une table chargée de livres et de gravures dont l'une, suspendue par devant, figure un monument entouré de personnages allégoriques représentant sur la bordure de gauche une Renommée et au dessus un ange avec une lyre. Sur l'un des livres que le personnage tient à la main, on lit au dos: *Mé-moires de l'Académie de Chirurgie, tome* 1er. Contre le fauteuil est posée une robe avec chausse en hermine. Au fond, on aperçoit les rayons d'une bibliothèque. Armes au bas.

Très-bonne gravure, moins bonne cependant que celles de Rigaud, de Gendron, de Mlle de Caylus. Figure très-fine et bien modelée, mais l'expression en est un peu forcée; les accessoires sont parfaitement rendus comme d'ordinaire.

H. 0,508;   L. 0,377.

Franciscus de la Peyronie, Lud. XV reg christni chirurg. primus regior. medicor. consilii socius, Academiæ regiæ chirurgicæ præses et munificentissimus, natus die XVa januarii MDCLXXVIII, obiit XXVa die aprilis MDCCXLVII.

A la marge, sous la gravure, à gauche: *La tête a été peinte par Hyacinthe Rigaud, chevalier de St Michel. — Gravé par J. Daullé, graveur du roi,* 1755.

B. Nat.,   B. Abb.

Cat. Vign., V. Chaussier, 1868, n° 72 : « *La Peyronie (François de),* grand in-fol. par Daullé. »

Il y a un autre portrait de La Peyronie dessiné et gravé par N. Pruneau en 1776. — Trouvé dans la collection de M. Delignières de Saint-Amand.

—

59 — PEYRONIE (La).

Petite gravure au trait, genre vignette.

H. 0,092;   L. 0,057.

Daullé del^t — Landon direxit.

B. Nat.

60 — PINTO.

Personnage tourné un peu à droite, représenté à mi-corps dans un médaillon ovale équarri, posé sur un socle. Il est revêtu d'une robe fourrée d'hermine ; une toque sur le côté à droite. Armes au bas.

Physionomie placide ; portrait bien buriné.

H. 0,225 ;   L. 0,183.

Titre gravé sur le socle : *Fr. D. Emmanuel Pinto della veneranda lingua di Castiglia e Portogollo, eletto gran maëstro della sacra religione gierosolimitana li 18 gennajo l'anno 1741.*

A la marge, en bordure, au milieu : *Gravé par J. Daullé, grav. du roy, 1744.*

Etat avant toute lettre et sans les armes.

B. Nat., B. Abb.

Man. de Ch. Le Blanc, n° 43 : « *Pinto (F. D. Emmanuel)*, grand « maître de Malthe (*sic*), gr. in-fol. 1744. »

Cat. Vign., V. Hochart, n° 1166. — Heller, p. 150. — Heinecken, t. 4, p. 550. — Huber et Rost, t. 8, n° 9.

---

61 — PINTO (Emmanuel).

Même portrait, même genre, mais gravure avec dimensions et titres différents.

Portrait finement buriné.

H. 0,166 ;   L. 0,105.

Sur le socle : *Fr. D. Emmanuel Pinto.*

Et à la suite, ces vers :

Pondera quot rerum stupuisti, Europa, Gerentem,
Et magni latuit pars tamen ingenii
Ecce patet : crescit post funera : quoque recedet
Longius ; hoc, fama judice, major erit.

Plus bas: *Hyacinthe Rigaud. — Gravé par Daullé.*

Autre état sans le nom du personnage, mais avec les vers ci-dessus; — autre avec les mentions du peintre et du graveur un peu différentes: *peint par Hyacinthe Rigaud — gravé par J. Daullé, Gr. du R.*

B. Nat., B. Abb.

Il y a enfin un autre portrait de ce personnage; il porte en sautoir la croix de l'ordre du Saint-Esprit. Du reste, même genre, médaillon ovale équarri, posé sur un socle, mais dimensions un peu différentes:

> H. du médaillon, 0,126;   L. 0,110.
> H. totale,   0,166;   L. 0,114.

62 — POLIGNAC (*Cardinal* de).

Personnage vu à mi-corps, assis dans un fauteuil, presque de face, la tête tournée un peu à droite. Il tient sur ses genoux un grand livre ouvert. Armes à la marge, surmontées d'un chapeau de cardinal.

Bonne gravure; la figure et les mains sont finement burinées; les yeux sont moins réussis, comme cela arrive souvent au maître même dans ses bonnes pièces; détails admirables du surplis en dentelle; on peut admirer surtout la délicatesse merveilleuse avec laquelle est fouillée la dentelle dn surplis.

> H. 0,260;   L. 0,186.

A la marge: *Melchior S. R. E. presbyter tituli S^{tæ} Mariæ de angelis ad termas cardinalis de Polignac, archiepiscopus auscitanus abbas et comes Corbeiæ, etc.*

A la bordure de la gravure: *peint par Hyacinthe Rigaud, — gravé par J. Daullé, graveur du roy. — A Paris, chez la veuve Daullé.*

Etat avant toute lettre.

B. Nat., B. Abb.

Cat. Vign., V. Durand, mai 1870, n° 261. — Id. V. nov. 1868, n° 143. — Id. V. Hochart, 1869, n° 1157. — 10, le même in-8.

—

63 — POLIGNAC (*Cardinal* DE).

Autre gravure, plus petite; médaillon ovale équarri, posé sur un socle. Personnage représenté en buste, le corps de face, la figure tournée un peu à droite, en sens inverse du précédent portrait. Il porte la Croix de l'ordre du Saint-Esprit en sautoir.

Bonne gravure; les cheveux sont très-bien fouillés, la figure finement burinée au pointillé.

H. 0,165;   L. 0,130.

Deux états; dans le premier, on lit sur le socle : *Melchior, cardinal de Polignac.*

Au second, il y a sur le socle les vers suivants, qui sont les mêmes que ceux qui figurent sur le portrait de Pinto, ci-dessus :

> *Pondera quot rerum stupuisti, Europa, gerentem*
> *Et magni latuit pars tamen ingenii*
> *Ecce patet : crescit post funera : quoque recedet*
> *Longius; hoc, famâ judice, major erit.*

A la bordure, en marge, dans les deux états: à g., *peint par Hyacinthe Rigaud;* — à dr., *gravé par J. Daullé, gr. du R.*

B. NAT.,   B. ABB.

Rec. V⁸ Daullé. — Cat. Vign., V. Hochart, 1869, n° 10, in-8°.

—

64 — POMPADOUR (MADAME DE).

Elle est représentée à mi-corps, la gorge découverte.

Bonne gravure; figure très-bien modelée.

H. 0,165;   L. 0,104.

Avant la lettre.

B. ABB.

65 — PONTCARRÉ (DE).

Médaillon ovale équarri, posé sur un socle. Personnage en costume de magistrat, avec large collet d'hermine et robe fourrée ; vu de face.

Gravure ordinaire ; figure peu modelée.

H. du médaillon, 0,177 ;   L. 0,154.

H. totale,   0,234 ;   L. 0,162.

Autour du médaillon : *Camus de Pontcarré, premier président du parlement de Normandie.*

Au-dessus du socle : *L. A. Sixe, pinx., eques romanus ; — gravé par J. Daullé.*

A la marge :

Voyant dans ce portrait tant d'esprit, d'équité,
Un cœur si bienfaisant, la vertu la plus pure,
Tu croirais que l'art a flaté (sic) ;
Tu te trompes, c'est la nature.

A Paris, chez le s Sixe, peintre et chevalier romain, au coin de la rue du Fouare, au bâtiment neuf, et chez Jore, marchand libraire à Rouan* (sic).

B. Abb.

Heinecken, t. 4, p. 550.

———

66 — PUYSÉGUR (DE CHASTENET DE).

Portrait se détachant sur un fond noir uni. Personnage représenté à mi-jambes, le corps tourné à droite, regardant en face. Il est couvert d'une armure avec un large cordon et porte une écharpe autour du corps. Il tient à la main un bâton fleurdelisé, et ouvre un livre sur lequel on lit au haut des pages : *Art de la guerre.* Armes au bas, à la marge ; elles s'étendent en hauteur dans la gravure, sur un demi-cercle laissé en blanc.

Bonne gravure; figure sévère, bien modelée; expression de physionomie très-naturelle et bien rendue.

H. 0,268;   L. 0,196.

A la marge, de chaque côté des armes : *Jacques François de Chastenet de Puységur, maréchal de France.*

A la bordure, dans la marge : à g., *peint par Tournière ;* — à dr., *gravé par J. Daullé, gr. du R. 1748.*

B. Abb.

Cat. Vign., V. Hochart, déc. 1869, n° 1170. — Id. V. Hourlier, 1870, n° 358.

Le portait d'un personnage du même nom, mais avec les prénoms différents : *J^an Aug., député du clergé aux Etats Généraux*, a été reproduit par un autre de nos graveurs abbevillois, *Voyez Junior*, d'après Labadye, pour une collection d'un grand nombre de députés, publiée par un sieur Dejubin, à Paris.

---

67 — RACINE (Jean).

Médaillon ovale équarri, sur fond uni, posé sur un socle. Personnage vu à mi-corps, tourné un peu à gauche, la figure presque de face; il est coiffé d'une longue perruque bouclée tombant sur les épaules.

Bonne gravure; la tête est belle et bien rendue, avec une grande finesse de burin.

H. du médaillon, 0,137;   L. 0,113.

H. totale,   0,227;   L. 0,151.

Sur le socle, dans un cartouche en largeur: *Jean Racine.*

Au-dessous, toujours sur le socle : *Gravé par J. Daullé, gr. du roy, 1752.*

B. Nat.,   B. Abb.

Ce portrait figure dans un ouvrage intitulé : *OEuvres de Jean Racine,* 1760, 3 vol. in-4°. Il est placé en tête du premier volume, à la page qui précède le titre : *Extrait des mémoires sur la vie de Racine* (*Journal des savants*, février 1749), indiqué dans le *Guide* de M. Cohen.

Ce portrait, comme on le voit, a été gravé huit ans avant la date de l'édition des ouvrages de Racine où il figure.

Heinecken, t. 4, p. 550.

———

68 — RASTIGNAC (DE CHAPT DE).

Médaillon posé sur un socle ; le cadre du médaillon est figuré en pierres avec des cassures. Le corps du personnage est tourné un peu à gauche, la figure de face. Des armes sont gravées entre le socle et le médaillon.

H. 0,283 ;   L. 0,190.

Sous la gravure : *J. Daullé sculpsit.*

Sur le socle : *Ludovicus Jacobus de Chapt de Rastignac, archiepiscopus Turonensis.*

Dicat, fovet, consecrat Carolus de Freitus acolytus Aginnensis.
B. NAT.

Man. de Ch. Le Blanc, n° 25. — Heinecken, t. 4, p. 550.

———

69 — RIGAUD (HYACINTHE).

Portrait dans un cadre carré, figuré en pierres avec cassures. Le peintre, le corps tourné à gauche, la tête de face, tenant sa palette, ses pinceaux et son appuie-main, est assis devant un chevalet sur lequel est posée une toile ovale représentant le portrait de sa femme. Celle-ci est tournée vers la droite ; elle est en robe un peu décolletée. Draperies au-dessus. Le peintre est couvert d'un manteau ; il porte la croix de l'ordre de Saint-

Michel sur le côté, en écharpe. Armes au bas, au milieu du titre.

Cette gravure est admirablement belle ; la tête de Rigaud et celle de sa femme sont modelées avec une rare perfection ; les cheveux sont d'une grande finesse de burin, sans sécheresse ; les draperies sont bien rendues. Le travail en général est facile, doux, harmonieux de tons.

H. 0,460 ;   L. 0,335.

On lit dans un médaillon ou cartouche allongé qui fait partie de la gravure :

Hyacinthe Rigaud, écuier, noble cito *de Perpignan, chevalier de l'ordre de S* *Michel, recteur et ancien directeur de l'Académie Royale de peint* *et de sculpt* *, — peint par lui-même avec Elizabéth de Gouy, sa femme.*

Et au-dessous du médaillon, toujours dans la gravure : *Gravé par Jean Daullé pour sa réception à l'Académie en 1742.*

A la marge, en bordure, à droite : *Gravé par J. Daullé en 1742.*

Etat avant toute lettre.

Autre état avec la lettre, mais sans la mention, après le titre, de la réception à l'Académie.

B. NAT.,   B. ABB.

Man. de Ch. Le Blanc, n° 45 (œuvre de Daullé) : « *Rigaud Hya-« cinthe*, assis à son chevalet, peignant son portrait et celui de « femme. Gravé pour sa réception à l'Académie, 1742. »

Coll. du Louvre, n° 1972. — Cat. Vign., ventes diverses. — Heller, p. 150. — Rec. V° Daullé, n° 79. — Huber et Rost, t. 8, n° 2.

Ch. Le Blanc, dans son *Cat. de Wille*, signale, mais à tort, ce travail comme dû à la collaboration de Daullé et de ce graveur ; il ne le fait, du reste, que d'une manière peu précise. Wille a bien gravé ce portrait, mais sur une planche différente, et un an plus tard. (Voyez ci-après).

Nous avons vu à la Bibliothèque d'Abbeville un autre état, ou plutôt une gravure semblable, mais en sens inverse, avant toute lettre et non terminée ; ainsi, la toile ovale posée sur le chevalet est restée en blanc, des parties ne sont pas ombrées, les tailles ne sont pas suffisamment serrées, les dimensions sont un peu moindres : H. 0,455 ; L. 0,333.

Mariette nous dit que c'est par un motif de tendresse pour une épouse qu'il avait beaucoup aimée et que la mort lui avait enlevée, que Rigaud se représenta peignant le portrait de sa femme dix ou douze années avant sa mort arrivée au mois d'avril 1743.

Au sujet de ce portrait, nous transcrivons aussi un passage de l'ouvrage de M. Jal qui donne quelques détails intéressants à noter ici : « Rigaud épousa une veuve pour laquelle il s'était « épris d'une grande passion, Mme Le Juge, née Elizabeth Gouy « ou de Gouy. Je n'ai pu trouver l'acte de son mariage. Nous « connaissons Elizabeth Gouy par le portrait que peignit de sa « femme Hyac. Rigaud, dans son propre portrait, ouvrage gravé « en 1742 par J. Daullé et par Wille l'année suivante. Cette image « nous la donne comme une femme d'une quarantaine d'années, « bien conservée et très-agréable. Le portrait où Rigaud se re- « présente peignant sa femme et dont je parle doit être de 1727 « ou postérieur à cette année, puisque l'artiste mit sur son habit « de gala le cordon de St-Michel que le roi lui donna seulement « le 22 juillet 1727. »

—

70 — ROSSET (Marie-Antoinette de).

Portrait à mi-corps, vu de face, au milieu d'un péristyle avec colonnes. La dame est magnifiquement parée : corsage en pointe et décolleté, manches larges garnies de perles, un voile de gaze rayée se rattachant à la coiffure. Elle tient un vase thuriféraire qu'elle va placer sur un autel antique.

Belle et grande gravure. La tête de la femme est finement burinée ; l'expression de la figure est gracieuse, peut-être un peu forcée ; les yeux un peu grands et fixes. L'épreuve que j'ai vue ne paraissait pas, au reste, complètement terminée.

H. 0,505 ;   L. 0,328.

Le titre et les autres indications suivantes se trouvent dans la gravure elle-même :

Marie-Antoinette de Rosset de Fleury, vicomtesse de Narbonne-Pelet, née à Narbonne le 6 avril 1721, morte au château de Fontanès, en Languedoc, le 27 juillet 1754.

Femme charmante et accomplie ; douée de toutes les vertus ; ornée des plus rares qualités de l'esprit et du cœur ; pleine de grâces, de mérites et d'agréments ; parfaite et incomparable en tout ; digne des regrets de tous les gens de bien, au-dessus de tous leurs éloges ; à qui Rome payenne et la Grèce savante eussent dressé des autels ; que la religion chrétienne et la voix des peuples canonisent; vray modèle de la femme forte ; les délices de son mari ; la joye et le bonheur de sa famille ; enfin la gloire et l'ornement de son païs, de son sexe et de son siècle.

Plus bas, à gauche, toujours dans la gravure :

Septimaniæ decus, Galliæ Narbonensis honor, ævi sexus q. sui portentum et gloria, quin et bonorum omnium amor et deliciæ, mulier verè fortis, leporibus cunctis et virtutibus innumeris splendida, corpore fœmineo virilem penè que divinum gestans animum.

Et à droite :

Cui pudor, et justitiæ soror
Incorrupta fides, nuda que veritas
Quando ullam invenient parem !
Multis illa bonis flebilis occidit,
Nulli flebilior quam mihi.....

Fr. Ray. Jos. de N. P. Vic^{te} de Narb.

Æternum vovet, discat et consecrat Conjux bene memor Conjugi bene meritæ.

B. Nat.

Il est impossible, quels que fussent les mérites de cette femme,
de pousser plus loin les éloges, présentés d'ailleurs avec une
exagération par trop ridicule.

Sur l'épreuve que j'ai vue à la Biblothèque Nationale, il n'y
avait pas le nom du peintre ni du graveur ; mais, outre qu'elle se
trouvait classée dans l'œuvre du maître, on reconnaît dans cette
pièce son genre, ses qualités, et aussi, il faut le dire, ses défauts,
bien que la gravure soit belle.

—

71 — ROUSSEAU (Jean-Baptiste).

Gravure carrée avec encadrement tout autour, mais
plus large par le bas. Le personnage, en déshabillé
d'intérieur, vêtu d'une robe de chambre, le buste de
face, la tête tournée un peu à gauche, est assis dans un
fauteuil devant une table. Il tient une plume d'une
main, et de l'autre des papiers. Des livres et d'autres
papiers sont amoncelés à côté de la table; sur l'un, on
lit : *au roy* et autres caractères non lisibles. Au-dessous,
des papiers sur lesquels on lit de côté : *observatio... sur
les écrits mo... tome qua...*

Bon portrait; gravure assez bonne, peut-être un peu moins
finie que d'autres ; traits de la physionomie un peu durs.

H. dans l'intérieur du cadre, 0,435.

H. totale, 0,526 ;   L. 0,363.

Dans le bas de l'encadrement laissé plus large :
Joannes Baptista Rousseau, natus anno 1670.

Et au-dessous :

Certior in nostro carmine vultus erit.

Mart. L. 7 Ep. 84.

A la bordure, dans la gravure : *J. Aved pinxit* 1738.
— *J. Daullé sculp.*

Etat avant toute lettre.

B. Nat., B. Abb.

Man. de Ch. Le Blanc, n° 46. — Huber et Rost, t. 8, n° 13.

Cat. Vign., V. nov. 1866, n° 188. — Id. V. nov. 1867, n° 676.—
Id. autre V. nov. 1867, n° 157. — Id. V. Hourlier, 1870, n° 357.—
Id. 1871, 2° part., n° 189.

Mercure de France, 5 juillet 1778, — réclame pour ce portrait
mis en vente au prix de six livres. — « La toile d'Aved figurait au
salon de 1738. Ce portrait a été gravé par un grand nombre
d'autres artistes, entr'autres par Ficquet, Grateloup, Schmidt,
Bertonnier, etc. (Série des catalogues de vente du xviiie siècle,
conservés au Cabinet des Est.) » (Note de M. Vienne).

Nous transcrivons ici un passage de l'ouvrage de M. Jal, qui
se rattache à ce portrait (voyez au mot *Aved*) :

« ..... Le portrait le plus connu d'Aved est celui qu'il fit en
« 1736 de son ami Jean-Baptiste Rousseau ; Jean Daullé le grava
« et inscrivit au bas de sa planche ce vers de Martial : *Certior in*
« *nostro carmine vultus erit* (liv. iii, épigr. 83). Ce n'était ni
« Daullé ni Aved qui avait eu l'idée de prendre cette devise et de
« l'appliquer à Rousseau ; elle était venue au poëte, qui, le 25
« septembre 1740, écrivait de La Haye à L. Racine : J'ai prié
« M. Aved de faire mettre au bas de mon estampe ce vers de
« Martial : *Certior*, etc. — La gravure de Daullé fut copiée par
« Schmidt, qui retourna maladroitement la figure. Cette copie
« est moins grande que l'original ; moins grande encore est celle
« que fit du bon côté *d'Elvana*, pour l'édition en 5 volumes des
« *Œuvres de J. B. Rousseau*, donnée en 1820. Le portrait de
« Daullé fut reproduit en buste par Dupin, J. B. Grateloup,
« Fiquet (1763), Allain, Delaunay, et quelques autres graveurs
« plus ou moins habiles. »

72 — RUBENS (LES DEUX FILS DE).

Deux enfants debout, appuyés contre une colonne. Le
plus grand, coiffé d'un large chapeau et vêtu d'un

pourpoint noir à crevés, tient un livre sous un bras; son autre bras est passé autour du cou de son frère. Ce dernier, plus jeune, porte un costume clair ; il est tête nue, et tient d'une main un bâton en forme de T avec deux grelots, et de l'autre une petite corde à laquelle est attaché un oiseau qui vole. Armes à la marge, dans un médaillon rond, composées de deux écussons juxtaposés, avec couronne au-dessus.

Bonne gravure, bien travaillée.

H. 0,346 ;   L. 0,206.

A la marge : à g., *Quadro di P. P. Rubens cavato della Galleria reale di Dresda, alto p. 5 po. 6, largo 3 p. 2 ¹/₂.* — à dr., *Tableau de P. P. Rubens, de la Gallerie Royale de Dresde, haut. 5 p. 6 pouc., larg. 3 p. 2 ¹/₂ po.*

A la bordure, sous la gravure : *Dessiné par Charles Hutin — gravé par J. Daullé, gr. du roy, à Paris, 1752.*

B. Nat.

Gravure mentionnée dans le catalogue des objets d'art et de curiosité du marquis de Ménars, publié à la fin de l'ouvrage de M. Campardon : *Madame de Pompadour et la cour de Louis XV*, au n° 435, avec deux autres : *Diogène* et *la Vierge et l'Enfant Jésus* (voy. ces pièces), toutes trois par J. Daullé, pour la galerie royale de Dresde.

Mentionnée également dans le catalogue des estampes gravées d'après P. P. Rubens, par F. Basan, graveur, Paris, 1767, au n° 55 des portraits (n° visé également par Hecquet dans un catalogue précédent), avec ces indications : « Les deux fils de P. P. « Rubens dans l'adolescence. Ils sont en pied et habillés magni- « fiquement. L'aîné a le bras passé derrière la tête du plus jeune, « qui s'amuse à faire voler un oiseau qu'il tient attaché par la « patte : gravé par Daullé en 1752, sur le dessin de Hutin, « d'après l'original qui se trouve en la galerie de Dresde ; 12 « po. 11 lig. de haut sur 7 po. 8 lig. de large. » — Et au n° 56 :

« Les mêmes, de la grandeur de la précédente, et d'après le
« même tableau ; Danzel sculps. (non visé par Hecquet). »

Enfin, dans le même ouvrage, au mot *Danzel*, catalogue de
son œuvre, on lit : « Les deux fils de Rubens dans l'adolescence,
« m. p. en h. Ce sont les mêmes que Daullé a gravés, d'après le
« tableau de ce peintre, pour le recueil de la galerie de Dresde. »

Man. de Ch. Le Blanc, n° 47. — Brulliot, 2° partie, note 1406,
signale des épreuves de cette estampe avant la lettre et les
armes, et portant les initiales *J. D. sc.* — Heinecken, t. 4, p. 550,
en mentionnant cette pièce, ajoute qu'elle mérite, avec celle intitulée *la Madeleine*, d'après le Corrège, d'être particulièrement
remarquée. — Huber et Rost, t. 8 : « figures debout d'après
Rubens. »

---

73 — SEYXAS (Joseph-Antoine).

Ovale simple, équarri. Personnage tenant d'une main
une lyre ailée ; de l'autre, écrivant sur la tablette d'un
orgue. Il est tête nue, couvert d'un manteau antique
retenu par un bouton sur l'épaule droite ; une étoile est
figurée sur sa tête, un médaillon est suspendu à son
cou par un ruban.

Gravure ordinaire, assez fine ; la main qui écrit et le bras sont
d'une grosseur presque disproportionnée.

H. 0,195 ;   L. 0,153.

Autour du cadre : *Josephus Antonius Seyxas , vixit
annos 38, obiit die 25 augusti, anno 1742.*

A la marge :
Hanc meruit citharam stellis radiantibus addi.
Dissona nec vitæ moribus illa fuit.

Au-dessous : *Daullé sculp.*

Etat avant toute lettre.

B. Nat.,   B. Abb.

Cat. Vign., V. Hourlier, juin 1870, n° 358.

74 — SIMON (Claude de Saint-).

Gravure au carré, avec encadrement. Ecclésiastique assis dans un large fauteuil aux bras recourbés et sculptés à leur extrémité, tenant un livre ouvert, posé droit sur ses genoux, et dont il tourne un feuillet de la main gauche. Colonne à droite ; à gauche, des draperies. En face du personnage, une magnifique pendule posée sur une console, avec de charmants détails de sculpture. Armes au bas, au milieu du titre, avec chapeau de cardinal et manteau d'hermine.

H. 0,500 ;   L. 0,362.

Dans l'encadrement de la gravure, laissé plus large au bas : *Claudius de Saint-Simon, Episcopus princeps Metensis par Franciæ.*

Au-dessous : *peint par Hyacinthe Rigaud, écuïer, chev^{er} de l'ordre de St Michel — Grav. par Daullé, Grav. du roi, à Paris, en 1744.*

B. Nat. B. Abb.

Rudolphe Weigel, éditeur du *Cat. de Wille*, par Ch. Le Blanc, signale cette pièce comme due à la collaboration de Daullé et de Wille (n° 112 du Cat. de Le Blanc), en se basant sur le Cat. de la comtesse d'Einsiedel (Dresde, 1833).

—

75 — SIRERA (Francus).

Médaillon ovale équarri, avec un simple filet formant encadrement à une petite distance de la partie gravée. Personnage vêtu d'une robe de moine avec capuchon, la tête couverte d'une calotte, vu de face.

Portrait parfaitement modelé; figure finement burinée.

H. de l'ovale, 0,098.

H. totale, 0,123 ;   **L. 0,082.**

A la marge : *P. Francus Sirera, hispanus Caudetensis, Provinciæ Valentinæ Electus Massiliæ* 1734.

Sous le trait : à g., *de Lobel pinx.* — à dr., *J. Daullé sculp.*

Autre état avec dimensions en hauteur un peu différentes :

H. 0,100 ;   L. 0,083.

B. Abb.

—

76 — SONNOIS.

Personnage vu de face, par l'encadrement d'une fenêtre. Il est assis devant une table sur laquelle est posé un violon ; il tient un livre à la main. Au fond, une bibliothèque ; draperies à gauche.

Gravure ordinaire ; les yeux sont un peu grands, fixes ; l'expression est forcée, l'attitude raide.

H. 0,246 ;   L. 0,193.

Titre dans la gravure, au bas : *Carol. Hug. Sonnois, advocat, nat. Paris 17 sept.* 1692, *ætatis* 36.

A la marge :

> *Ennemy déclaré du mensonge et des vices,*
> *Je fus sincère et cependant heureux ;*
> *Dans l'avenir peu curieux,*
> *L'honneur et la vertu firent tous mes délices.*

En bordure : *J. B. Cornu pinx.* — *J. Daullé sculpsit.*
B. Nat.

Rudolphe Weigel, éditeur du *Cat. de Wille,* par Ch. Le Blanc, signale cette pièce comme due à la collaboration de Daullé et de Wille, en se basant sur le Cat. de la comtesse d'Einsiedel (Dresde, 1833).

—

77 — STUART (Charles-Edouard).

Même genre que *Stuart (Henri-Benoit),* n° 79. Portrait

dans un encadrement carré, figuré en pierres. Personnage à la physionomie juvénile et sans expression, couvert d'une armure, le corps tourné un peu à gauche, la figure de face. Il est debout, tête nue, les cheveux tombant en boucles sur le dos, la main gauche posée sur la hanche, tenant de l'autre un bâton de commandement. Il porte un médaillon avec croix de Saint-André en sautoir, et un large cordon en écharpe. Un casque est posé devant lui, à gauche; du même côté, deux tronçons de colonnes brisées.

Gravure ordinaire ; le travail est très-régulier.

H. 0,408;   L. 0,233.

Etat avant la lettre ; on lit seulement dans la gravure, à droite, en bordure : *J. Daullé sculp.* — Autre état sans aucune mention.

B. NAT.,   B. ABB.

Rec. V⁰ Daullé, n° 13.

Dans son *Cat. de Wille*, Ch. Le Blanc signale cette pièce comme due à la collaboration de Daullé et de ce graveur. — Wille, du reste, dans son journal, nous dit qu'il collabora à ce portrait et à celui du duc d'York (Henri-Benoit), frère du prétendant.

---

78 — STUART (Charles-Edouard).

Gravure différente de la précédente. Médaillon ovale équarri, posé sur un socle. Personnage encore jeune, couvert d'une armure complète, représenté de face, à mi-corps, les mains cachées par le cadre, les cheveux assez courts. Il porte en sautoir le médaillon de Saint-André, et un large cordon en écharpe. Cartouche dans le socle, sans inscription.

Gravure ordinaire.

H. 0,247;   L. 0,180.

Dans le cadre ovale du médaillon : *Charles-Edouard, fils aîné de Jacques Stuart, né à Rome le 31 décembre 1720.*

Au milieu de la gravure et en bordure : *grav. par Daullé, grav. du roi, 1744.*

Etat avant toute lettre — Autre état sans indication de la naissance.

B. Nat., B. Abb.

Man. de Ch. Le Blanc, n° 23 : « Angleterre ; Charles-Edouard, « fils aîné du Prétendant ; ov. in-fol., rare, 1744. » — Heinecken, t. 4, p. 550 : « Le portrait anonyme d'un prince, en ovale, gravé « en 1744, in-fol.; c'est Charles-Edouard, fils aîné du Prétendant. « La tête peinte par un anonyme, et la draperie par H. Ri- « gaud (1). » — Huber et Rost, t. 8, n° 5, avec les indications ci-dessus, et à la suite : *rare.*

—

79 — STUART (Henri-Benoit).

Même genre que le n° 77; portrait dans un cadre carré en pierres. Personnage tourné à droite, la figure de face, couvert d'une armure complète, avec une écharpe à large nœud au milieu du corps, et les mains appuyées sur un bâton de commandement. A droite, un casque en partie caché par l'encadrement ; nuages dans le fond.

Gravure ordinaire ; les détails de l'armure sont bien rendus.

H. 0,490 ;　　L. 0,278.

A la marge : *Stuart (Henri-Benoit),* 2me *fils de Jacques.*

Etat avant toute lettre. — Autre état avant la lettre, mais avec le nom du graveur, sous la gravure, à droite : *J. Daullé sculpsit.*

B. Nat., B. Abb.

(1) Charles-Edouard Stuart est aussi appelé dans l'histoire *le Prétendant,* comme son père, Jacques Stuart. Les divers biographes dont nous relevons les indications pour ces pièces, rapportent le titre de *Prétendant* à Jacques Stuart, et qualifient Charles-Edouard de *fils du Prétendant.*

Cat. Vigu., V. Van der Helle, 1868, n° 190 : « *Benoist Stuart*, in-fol., avant la lettre. »

Je lis (B. Nat.) au crayon : *Wille sc.*— Du reste, Wille, dans son journal, nous apprend qu'il collabora à ce portrait (le duc d'York, frère du Prétendant) et à celui de Charles-Edouard Stuart.

---

80 — STUART (HENRI-BENOIT), *Cardinal d'York.*
Portrait différent du précédent.

Mentionné par Heinecken, t. II, p. 550, sous cette indication : « Le cardinal de Yorck, fils cadet du Prétendant; in-fol. »

Henri-Benoit Stuart porta d'abord le titre de duc d'York; il entra ensuite dans les ordres et fut créé cardinal.

---

81 — SUTAINE (PIERRE).

Ecclésiastique vu de face; il est revêtu d'un surplis uni, la tête couverte d'une calotte, une croix simple suspendue au cou; la figure est fine et intelligente. Portrait dans un cadre ovale, posé sur un socle, au milieu duquel est figuré en relief un écusson supporté par deux anges. Sur un côté du socle, deux livres, dont l'un est ouvert.

Bonne gravure, finement burinée, mais la tête manque de relief et d'effet.

H. de l'ovale, 0,285 ;   L. 0,194.
H. totale,   0,383 ;   L. 0,292.

On lit autour du cadre ovale : *Petrus Sutaine, abbas Sᵃᵉ Genovefæ Parisiensis præpos. general. canon. regul. congreg. cal.*

Et au bas :

Hic est fratrum amator.
Mach. c. 15, v. 14.

En bordure : *H. Guillemard effigiem pinx.* — *Joannes Daullé sculp.* 1738.

B. Nat., B. Abb.

Cat. Vign., V. Hochart, 1869, n° 1175.

—

82 — TAFFOUREAU DE FONTAINE.

Ovale équarri, entouré d'un filet d'encadrement. Ecclésiastique debout, en costume noir, avec rabat ; croix simple en sautoir ; les cheveux un peu frisés, assez courts. Le corps est tourné vers la droite, la tête de face ; physionomie peu expressive.

Gravure ordinaire.

H. 0,230 ;   L. 0,188.

Etat avant toute lettre. — C'est d'après une indication manuscrite que nous avons vue sur la pièce dans la suite des gravures de Daullé, que nous donnons le nom du personnage.

B. Nat.

—

83 — THIBOUST (Claude-Louis).

Médaillon ovale, posé sur un socle. Personnage à la figure fine et spirituelle, coiffé d'une espèce de toque ou calotte, et vêtu d'une robe de chambre à ramages. La tête est tournée un peu à droite.

Gravure ordinaire.

H. du médaillon, 0,110 ;   L. 0,096.

H. totale,   0,142 ; ⋅ L. 0,099.

Au-dessus du socle, à droite : *J. Daullé sculp.*

On lit autour du médaillon : *Claude-Louis Thiboust, imprimeur et libraire, né à Paris le 14 novembre 1667, mort le 22 avril 1737, à 70 ans.*

Sur le socle, dans un blanc ménagé :

Docte, enjoué, plaisant, ce vieillard agréable
Fut un mortel humain, généreux, secourable,
Bon père, tendre ami, sans détour et sans fard,
Et celui de nos jours qui sut le mieux son art.

Et au-dessous : *Thiboust fils, imprimeur du roÿ.*

Deux états différents :

Le 1ᵉʳ avec le titre et les vers ci-dessus. H. totale, 0,142 ; L. 0,099. — Le 2ᵉ avec le titre seul, gravé sur le socle. H. totale, 0,139 ; L. 0,099. On n'a pas ajouté l'âge au moment de la mort.

Dans les deux états, le portrait est le même ; le médaillon a les mêmes dimensions ; seulement dans le premier état, qui a 3 millimètres de plus en hauteur, on a ménagé plus de blanc dans le socle pour inscrire les vers, et on a gravé un peu plus au-desssus.

B. Nat.,   B, Abb.

Heinecken, t. 4, p. 550, signale cette pièce comme véritablement gravée par G. F. Smith, de Berlin. Daullé y a sans doute travaillé et mis la dernière main, comme sur plusieurs autres.

—

84 — VALOIS (Marguerite de), *Comtesse de Cdylus.*

Portrait vu à mi-corps, dans un encadrement figuré en pierre. Dame d'un âge déjà mûr, à la physionomie douce et respirant la bonté, au type fin et aristocratique, la tête couverte d'un bonnet de dentelles, ayant sur les épaules une pelisse garnie de fourrures. Le corps est tourné à gauche, la figure de face. Draperies à gauche.

Excellente gravure, très-finement burinée ; le visage est admirablement rendu et modelé au moyen de tailles contournées et renflées, avec peu d'entrecroisements ; les vêtements, la draperie sont également bien rendus, d'un aspect chatoyant. Le graveur a peut-être trop multiplié les éclats de pierre, simulés d'ailleurs avec art, sur le cadre gravé.

H. 0,366 ;   L. 0,276.

Sous l'encadrement, on lit : *Marguerite de Valois, comtesse de Caylus, morte à Paris le 15 avril 1729, âgée de 57 ans.*

Au bas, à la marge : *fait par Hyacinthe Rigaud, écuyer, chevalier de l'ordre de St Michel, et gravé par Jean Daullé, graveur du roy, 1743.*

Et plus bas :

Amicorum dulcissima cura suorum.

Horat.

B. NAT., B. ABB.

Ch. Le Blanc, dans son *Cat. de Wille*, signale cette pièce comme due à la collaboration de Daullé et de ce graveur.

Man. de Ch. Le Blanc, n° 24 : « Caylus (Marguerite de Valois « comtesse de), d'après Hyac. Rigaud, 1743, in-fol.; belle. » — Cat. Vign., V. Hochart, 1869, n° 1161, in-fol. — Id. V. nov. 1866, n° 126. — Heller, p. 150. — Huber et Rost, t. 8, n° 3.

Ce portrait est celui de la mère du comte de Caylus, l'antiquaire et l'amateur bien connu de la première moitié du XVIIIe siècle, ami de Mariette, graveur, membre de l'Académie des inscriptions et belles-lettres et de l'Académie des beaux-arts, protecteur des artistes, mort en 1765.

C'est en ces termes que M. le comte Clément de Ris, dans une notice sur le comte de Caylus, parle de sa mère : « ...... Elle « était, cette charmante Marguerite de Villette Murçay, la cousine « et l'enfant gâté de Madame de Maintenon, le dernier amuseur « du grand roi qui devenait difficile à amuser, l'auteur des « mémoires édités par Voltaire, l'ami de la duchesse de Bour-« gogne, du maréchal de Villeroy, de La Fare, de l'abbé **de** « Choisy, qui semble être morte au XVIIIe siècle pour lui porter « la tradition vivante des suprêmes élégances, du charme d'esprit, « de l'urbanité du XVIIe........ »

Voici encore comment Saint-Simon en parle dans ses *Mémoires*, ch. 141 : « Jamais tant de grâce ni plus d'esprit, jamais tant de « gaîté et d'amusement, jamais de créature plus séduisante. « Madame de Maintenon l'aimait à ne pouvoir se passer d'elle.

« Mme de Caylus s'échappait tant qu'elle pouvait chez ·Mme la
« duchesse (de Bourgogne) où elle trouvait à se divertir. Elle
« aimait le jeu sans avoir de quoi le soutenir, encore mieux la
« table où elle était charmante; elle excellait dans l'art de con-
« trefaire, et surpassait les plus fameuses actrices à jouer les
« comédies. »

Nous avons cru devoir faire ainsi connaître le portrait moral
de cette femme gracieuse et distinguée, qui a brillé, comme on
le voit, d'un certain éclat vers la fin du XVIIe siècle et dans les
premières années du XVIIIe, et dont les traits, reproduits par le
pinceau magistral de Rigaud, sur une toile peut-être ignorée ou
peu connue à présent, revivent cependant encore aujourd'hui,
mille fois répétés et admirablement rendus par le burin délicat
de notre habile graveur.

85 — VANDYCK.

Petit médaillon ovale équarri, posé sur un socle. Personnage jeune, couvert d'un vêtement foncé avec large
col, chevelure abondante. Le corps est vu presque de
dos, la tête tournée à droite.

Gravure assez bonne; figure peu modelée.

H. du médaillon, 0,110 ;   L. 0,092.
H. totale,   0,137 ;   L. 0,099.

On lit sur le socle : *Antoine Vandeick, né à Anvers en
1599, mort à Londres en 1641, âgé de 42 ans.*

Au-dessus du socle : *Se ipsum pinxit — Daullé sculpsit.*

A la marge, en bordure : *à Paris, chez Odieuvre,
M^d d'Estampes, quay de l'Ecole, vis à vis le Samaritain,
à la belle image, C. P. R.*

B. Nat.

86. — VANLOO (Carle).

Portrait de profil et en buste, dans un médaillon
rond, figuré suspendu sur un fond moiré; la tête tour-

née à droite. Mèmes genre et forme que les planches de Cochin et de Nonnotte.

Gravure ordinaire ; contours trop accusés, blancs mats sur le front. Cette pièce ne paraît pas soignée ou n'a pas été terminée.

H. de la gravure, 0,172 ;   L. 0,120.

Diamètre du médaillon, 0,143.

Dans la gravure : *Vanloo*.

Et au-dessous, à la bordure : *dessiné par C. N. Cochin le fils — gravé par J. Daullé,* 1754.

B. Nat., B. Abb.

Mentionné sous le n° 34 de l'œuvre de Daullé dans le *Man. de l'Amat. d'Est.* de Ch. Le Blanc : « *Loo (Carlo van)* : C. N. Cochin « le fils, 1754 ; haut 172ᵐᵐ, larg. 120. »

---

87 — VINTIMILLE (de).

Médaillon ovale, sur un socle, dans un cadre carré. Ecclésiastique à la figure calme et placide, vu de face, portant la croix de l'ordre du Saint-Esprit suspendue au cou par un large ruban.

Bonne gravure, manquant toutefois un peu d'effet ; figure très-fine et bien modelée.

H. du médaillon, 0,221 ;   L. 0,170.

H. totale,   0,276 ;   L. 0,187.

Au-dessus du socle : à g., *Rigaud pinx.* — à dr., *J. Daullé sculp.*

Sur le socle, dans un blanc ménagé : *Charles Gasp. Guil. de Vintimille, des comtes de Marseille, de Luc, archevêque de Paris, duc de Sᵗ Cloud, pair de France, Comᵉᵘʳ de l'ordre du Sᵗ Esprit, etc.*

A la marge : *Offerebat Ludovicus Hieronymus de Suffren de Sᵗ Tropez, clericus Arelatensis.*

B. Abb.

Cat. Vign., **V.** nov. **1867, n° 87** : « de Vintimille, archevêque
« de Paris, petit in-fol., marge. »

—

88 — Médaillon ovale équarri, posé sur un socle.
Entre le socle et le médaillon se trouvent des armes
surmontées d'un chapeau de cardinal. Ecclésiastique, le
corps tourné à gauche, la figure de face, couvert d'**un**
camail, et ayant une simple croix en sautoir.

Gravure ordinaire; la physionomie du personnage est assez
bien rendue.

H. 0,223 ; L. 0,162.

Autour du médaillon, le titre, assez énigmatique par
ses abrégés : *Fran. S. R. imp. com. in Salm. epus.
torn. etc.*

Sur le socle, au bord, à gauche : *Gravé par J. Daullé
en* 1740.

B. Nat., B. Abb.

—

89 — Gravure carrée ordinaire, entourée seulement
d'un petit trait à 2 millimètres. Personnage vu à mi-
corps, presque de face, le corps et la tête légèrement
inclinés à droite, paraissant dans la force de l'âge. Il
porte une assez grande collerette tuyautée et épaisse;
il est vêtu d'un pourpoint uni, garni par-devant de
petits boutons rapprochés ; il est tête nue, portant
toute sa barbe qui est grisonnante. Armes à la marge,
dans un médaillon rond ; ce sont deux écussons juxtaposés et surmontés d'une couronne.

Bonne gravure.

H. 0,222 ; L. 0,172.

A la marge : à g., *Quadro di P. P. Rubens cavato dalla Galleria Reale di Dresda; alto piedi 2, oncie 4; largo piedi 1, oncie 9.* — à dr., *Tableau de P. P. Rubens, de la Gallerie Royale de Dresde; haut 2 pi. 4 po.; large 1 p 9 po.*

A la bordure : *dessiné par C. Hutin — gravé par J. Daullé, graveur du roy et de l'Académie impériale d'Augsbourg,* 1757.

B. Nat.

—

90 — Portrait en pied d'un jeune homme vêtu d'un riche costume dont les dessins ou broderies imitent les plumes de paon ; il porte la croix de l'ordre du Saint-Esprit en sautoir, et un grand cordon en écharpe sur le côté gauche. Le personnage est représenté de face, tête nue, debout à côté d'un fauteuil, devant une table recouverte d'un tapis à franges et où sont placés une mappemonde et un livre sur lequel il appuie une main, l'autre main est posée sur sa hanche. Le parquet de la pièce est carrelé ; draperies à gauche.

Gravure peu soignée ; la figure n'est pas assez modelée, il y a trop de blancs qui la rendent comme plate, sans relief ; les yeux ne sont pas réussis non plus.

H. 0,424 ;   L. 0,318.
Avant toute lettre.
B. Nat.

—

91 — Ovale équarri. Ecclésiastique vu à mi-corps ; il est revêtu d'un camail d'hermine, la croix du Saint-Esprit en sautoir ; physionomie calme et placide.

Bonne gravure, finement burinée.

H. 0,166 ;   L. 0,140.
B. Nat.

SUJETS DE GENRE

92 — *Ce spectacle ambulant,* etc.

Bohémien faisant danser des marionnettes sur une planche ; il est coiffé d'un chapeau rond orné d'une plume, et joue de la cornemuse. A droite, deux petits curieux ; à gauche, un chien et des moutons ; paysage au fond.

Bonne gravure, d'un effet artistique ; traits de burin un peu durs. La figure du personnage est bien rendue, ainsi que les détails de son costume ; les enfants sont moins travaillés ; le chien est bien traité. Pendant de celle : *Croissez, tendres enfants,* etc.

H. 0,336 ;   L. 0,267.

A la marge :

Ce spectacle ambulant, concert simple et naïf,
Va dans les carrefours chercher la populace ;
Mais un autre public plus fin, plus décisif,
Court où l'art extravague et la raison grimace.

Mr Roy.

Et au-dessous : *Se vend chez J. Daullé, rue St Jacques, à St François, vis à vis la rue de la Parcheminerie, à Paris.*

A la bordure, sous la gravure : *Peint et gravé à l'eau-forte par J. Dumont le Romain, et terminé au burin par J. Daullé en 1739.*

B. Nat.,   B. Abb.

Rec. Ve Daullé, n° **33** : « Un joueur de cornemuse faisant danser « deux petites figures de marionnettes, d'ap. Dumont le Romain. »

---

93 — *Croissez, tendres enfants,* etc.

Sur une route, dans la campagne, une femme misé-rablement vêtue, portant un enfant couché dans un berceau. A côté d'elle, un petit garçon, couvert de haillons, lui tient le bras, et s'appuie de l'autre côté sur un bâton. Au fond, à gauche, on aperçoit une ferme.

Bonne gravure, faisant pendant avec celle : *Ce spectacle ambulant*, etc. La tête de la femme est bien rendue.

H. 0,337 ;   L. 0,264.

A la marge :

Croissés, tendres enfants, fardeau de votre mère,
Vos bras soulageront un jour sa pauvreté ;
Tandis qu'une riche douairière,
De ses enfants craint la majorité.   Mr *Roy.*

Et au-dessous : *Se vend chez J. Daullé, rue Saint Jacques, à St François, vis à vis la rue de la Parcheminerie, à Paris.*

A la bordure, sous la gravure : *Peint et gravé à l'eauforte par J. Dumont, et terminé au burin par J. Daullé en 1739.*

B. Abb.

Rec. Ve Daullé, n° 34 : « Une Savoyarde portant un enfant dans « un berceau et en tenant un autre par la main, d'après Dumont « le Romain. »

—

94 — *La Surprise du vin.*

Une femme, assise sur une chaise, est endormie accoudée sur un tonneau, tenant à la main un verre dont le contenu se répand par terre. Deux individus sont près d'elle : l'un montre en riant une bouteille d'osier ; l'autre, plus âgé et la tête couverte d'une calotte, porte la main près de la figure de la femme. Au loin, à droite, la campagne.

Gravure ordinaire, formant pendant avec *l'Ecole champêtre.*

H. 0,327 ;   L. 0,440.

A la marge : *La Surprise du vin.*

Sous la gravure : *Peint par Le Nain. — Gravé par J. Daullé, graveur du roi et de l'Académie impériale d'Augsbourg, 1758.*

Sous le titre : *Gravé d'après le tableau original du Nain, haut de 2 pieds 8 pouces, large de 3 pieds 6 pouces.*

A Paris, chez Daullé, graveur du roi, rue du Plâtre S Jacques, à côté du collège de Cornouaille, et chez la veuve Chereau, rue S* Jacques, aux deux pilliers d'or.*

B. NAT., B. ABB.

Rec. V° Daullé, n° 60 : « *La Surprise du vin;* on voit une « femme endormie sur un tonneau, et deux hommes qui rient « de la voir.

—

98 — *L'Ecole champêtre.*

Une vieille femme, assise sur un tonneau, près d'un mur, tient un livre ouvert, sur lequel un enfant pose le doigt comme pour lire. A gauche, deux autres enfants, dont l'un est assis et tient aussi un livre. Du même côté, en avant, une jeune fille accroupie de face et dans une pose assez indécente. Au loin, des arbres et la campagne.

Gravure assez bonne, assez large d'effets ; même genre que *la Surprise du vin,* avec laquelle elle forme pendant.

H. 0,327 ; L. 0,435.

A la marge : *L'Ecole champêtre.*

En bordure : *Peint par le Nain — Gravé par J. Daullé, graveur du roi et de l'Académie impériale d'Augsbourg, 1758.*

Sous le titre : *Gravé d'après le tableau original du Nain, haut de 2 pieds 8 pouces, large de 3 pieds 6 pouces.*

A Paris, chez Daullé, graveur du roi, rue du Plâtre S Jacques, à côté du collège de Cornouaille, et chez la veuve Chereau, rue S* Jacques, aux deux pilliers d'or.*

B. Nat., B. Abb.

Rec. Vᵉ Daullé, n° 59 : « *L'Ecole champêtre;* une vieille femme
« montre à lire à un jeune garçon, et plusieurs autres enfants
« autour d'elle. »

—

96 — *Les tendres Adieux de la Laitière.*

Une femme déguenillée, assise sur un baudet et se
penchant sur l'épaule d'un individu qui la soutient ; elle
porte d'une main une bouteille recouverte d'osier, et de
l'autre un panier. Une autre femme les regarde en riant.
Un jeune garçon tient l'âne par la bride et paraît vouloir le faire reculer Armes au bas.

La gravure n'est pas mauvaise, mais le sujet est assez grivois
et médiocre de composition. Cette pièce forme pendant avec
Fête bachique, qui est supérieure comme travail.

H. 0,349 ;   L. 0,492.

A la marge : *Les tendres Adieux de la Laitière.*

Sous le titre : *Gravé d'après le tableau original du Nain,
du cabinet de Monsieur Dammery, officier aux gardes françaises, par J. Daullé, graveur du roi et de l'Académie
impériale d'Augsbourg. — A Paris, chez Daullé, graveur
du roi, rue du Plâtre Sᵗ Jacques, à côté du collège de
Cornouaille.*

B. Nat., B. Abb.
Rec. Vᵉ Daullé, n° 62.

—

97 — *Fête bachique.*

Un jeune garçon déguenillé est assis à califourchon
sur une chèvre dont la tête est garnie de fleurs, et qui
est tiré par une petite fille aussi en haillons et pieds
nus. Un chien gambade à côté d'eux. Une femme, tenant
d'une main une bouteille recouverte d'osier, pose une

couronne sur la tête du petit garçon. A gauche, un individu étend les bras en riant et en soulevant une cruche vide. Au fond , un autre enfant grimpe à un arbre. Armes à la marge.

Assez bonne gravure. Le petit personnage du milieu et la petite fille sont très-bien posés et les figures bien réussies ; le reste est moins bon. La tête de la petite fille rappelle un peu le genre d'un autre graveur abbevillois, Le Vasseur. Cette pièce forme pendant avec *les tendres Adieux de la Laitière.*

H. 0,354 ;   L. 0,497.

A la marge : *Fête bachique.*

Sous le titre : *Gravé d'après le tableau original du Nain, du cabinet de Monsieur Dammery, officier aux gardes françaises, par J. Daullé, graveur du roi et de l'Académie impériale d'Augsbourg.*

A Paris, chez Daullé, graveur du roi, rue du Plâtre St Jacques, à côté du collège de Cornouaille.

B. Nat.,   B. Abb.

Rec. Ve Daullé, n° 61.

—

98 — *La Marchande d'Œufs.*

Grand médaillon ovale équarri. Un jeune homme cherche à prendre des œufs dans un panier que tient une jeune fille. Derrière eux, un mur, dont une partie est couverte de lierre.

Gravure assez bonne ; les travaux du burin sont larges et bien compris, le sujet est gracieux ; mais les figures ont une expression forcée. Il y a aussi, à certains endroits, des blancs trop mats et trop heurtés ; il semble que le burin a été conduit par une main encore peu exercée. Cette pièce forme pendant avec *la Vendangeuse, la Souffleuse de Savon* et le *Marchand d'Oiseaux.*

H. 0,254 ;   L. 0,211.

A la marge : *La Marchande d'Œufs.*

Peint par F. Boucher. — Gravé par J. Daullé, gr. du R.

A la suite du titre :

> *Dans ce panier tout est fragile,*
> *D'un villageois ces œufs sont le trésor ;*
> *L'honneur est plus fragile encor :*
> *Le bien garder n'est pas chose facile.*

A Paris, chés (sic) *J. Daullé, rue des Noyers.*

B. Nat., B. Abb.

Man. de Ch. Le Blanc, n° 53, avec cette indication : « *Marchande d'Œufs (la)*, Franç. Boucher, in-fol. en haut. » — Cat. Vign., V. Hochart, 1869, n° 96. — Rec. V° Daullé, n° 47.

—

99 — *La Vendangeuse.*

Une jeune fille, s'appuyant d'une main sur un panier rempli de pommes et de raisins, tend de l'autre une grappe de raisin, du bout d'une perche, à un jeune homme.

Bonne gravure, faisant pendant avec *la Marchande d'Œufs*, la *Souffleuse de Savon* et le *Marchand d'Oiseaux*. Les figures sont réussies, les nus sont assez bien compris ; la pose de la jeune fille est gracieuse, ainsi que l'expression de sa figure.

H. 0,254;   L. 0,211.

A la marge : *La Vandangeuse* (sic).

En bordure : *Peint par F. Boucher. — Gravé par J. Daullé, gr du r.*

A la suite du titre :

> *Que ces fruits sont charmants ! que ces grappes sont belles !*
> *Bacchus en tirera les fruits les plus exquis.*
> *Quel plaisir pour l'amour, dans ses fêtes nouvelles,*
> *D'en échauffer des cœurs qui lui sont tout acquis.*

A Paris, chez J. Daullé, rue des Noyers.

B. Nat., B. Abb.

Rec. V° Daullé, n° 45. — Man. de Ch. Le Blanc, n° 60.

100 — *La Souffleuse de Savon.*

Une jeune fille, ayant des fleurs à son corsage et dans ses cheveux, fait voltiger des bulles de savon qu'elle vient de souffler. Un individu, dont on n'aperçoit que la tête, cherche à les recevoir.

Même genre que les trois gravures ci-dessus.

H. 0,260;   L. 0,211.

En bordure : *Peint par F. Boucher. — Gravé par J. Daullé, gr. du r.*

A la marge : *La Souffleuse de Savon.*

> *Amusons nous. Sur la terre et sur l'onde,*
> *Malheureux qui se fait un nom ;*
> *Richesses, honneurs, faux éclat de ce monde,*
> *Tout n'est que boules de savon*

A Paris, chés (sic) *J. Daullé, rue des Noyers.*

B. Nat.,   B. Abb.

Man. de Ch. Le Blanc, n° 58. — Cat. Vign., V. Hourlier, 1870, n° 519. — Id. V. Hochart, 1869, n° 96. — Rec. Vᵉ Daullé, n° 46.

—

101 — *Le Marchand d'Oiseaux.*

Un jeune homme, tenant un oiseau sur un de ses doigts, montre à une jeune fille la porte d'une cage où elle va enfermer un autre oiseau qu'elle tient dans la main.

Même genre faux et maniéré que *la Vendangeuse, la Marchande d'OEufs* et *la Souffleuse de Savon,* qui forment quatre pendants. Bonne gravure, mais la figure du jeune homme est moins réussie.

H. 0,254 ;   L. 0,217.

A la marge : *Le Marchand d'Oiseaux.*

En bordure : *Peint par F. Boucher. — Gravé par J. Daullé, gr. du r.*

A la suite du titre :

Ne laissez point échapper de leurs cages
Ni ce berger vif, inconstant,
Ni cet oiseau jeune et volage :
Vous les perdrez l'un et l'autre à l'instant.

A Paris, chez J. Daullé, rue des Noyers.

B. Nat.,   B. Abb.

Man. de Ch. Le Blanc, n° 52 : « Franç. Boucher, in-fol. en haut. » — Cat. Vign., V. Hochart, déc. 1869, n° 96. — Id. V. Hourlier, juin 1870, n° 519. — Rec. Vᵉ Daullé, n° 48 : « Ces « quatre sujets (*la Vendangeuse n° 45, la Souffleuse de Savon « n° 46 , la Marchande d'Œufs n° 47, le Marchand d'Oiseaux « n° 48*), de forme ovale et qui font pendants, sont en demie « figure et d'une très-agréable composition. »

---

102 — *Les Charmes du Printemps.*

Un jeune homme garnit de fleurs les cheveux d'une jeune fille gracieusement assise près de lui. A gauche, une chèvre et un tambour de basque. Au fond, on aperçoit une habitation rustique , un pont et une tour. Armes au bas.

Même genre que *la Baigneuse surprise.* Sujet assez gracieux, mais trop chatoyant, manquant d'effet par l'uniformité monotone des tons; les yeux sont manqués ; les blancs ne sont pas assez fondus, restent trop mats. Cette pièce fait pendant avec les suivantes, qui forment la série des quatre saisons.

H. 0,328;   L. 0,432.

Sous la gravure, en bordure : *Peint par F. Boucher.—Gravé par J. Daullé, graveur du roi et de l'Académie impériale d'Augsbourg.*

Au milieu de la marge , le titre : *Les Charmes du Printemps.*

Sous le titre : *A Madame de Pompadour, dame du palais de la reine, par son très-humble et très-obéissant serviteur J. Daullé.—A Paris, chez l'auteur, rue du Plâtre St Jacques, attenant le collège de Cornouaille. A P D R.*

B. Nat., B. Abb.

Mentionné comme faisant partie des quatre saisons, sous le n° 470, dans le catalogue du marquis de Menars, publié à la fin de l'ouvrage de M. Campardon : *Madame de Pompadour et la Cour de Louis XV.*

Ces quatre pièces des saisons, d'après Boucher, sont également mentionnées dans le même ouvrage, sous le n° 11 du catalogue du marquis de Marigny, avec les indications suivantes : « D'après « Boucher. — N° 11. — Les saisons en quatre tableaux faisant « pendant. Ces sujets sont connus par les estampes qu'en a « gravées Daullé. Deux de ces tableaux sont des pastorales ; l'été « y est représenté par un bain de femmes, et l'hiver par une « dame en robe bordée de poils, assise dans un traîneau poussé « par un Tartare. L. 27 pouces sur 20 de haut. »

Basan, *Diction. des Graveurs.* — Huber et Rost, t. 8. — Rec. Ve Daullé, n° 71. — Man. de Ch. Le Blanc, n°s 17 à 20. — Cat. Vign , V. Hourlier, juin 1870, n° 520.

———

103 — *Les Plaisirs de l'Été.*

Deux femmes nues, couchées près d'une fontaine dont l'eau jaillit de la gueule d'un monstre marin ; près d'elles, une autre femme qui s'essuie. Armes au bas.

Gravure assez bonne, dans le même genre que celles des autres saisons. Les détails sont bien rendus sans nuire à la largeur de l'ensemble ; il y a seulement à regretter quelques défauts d'anatomie.

H. 0,333 ;   L. 0,434.

Sous la gravure, à la bordure : *Peint par F. Boucher.— Gravé par J. Daullé, gr. du roi et de l'Ac^{ie} imp. d'Augsbourg.*

A la marge, le titre : *Les Plaisirs de l'Été.*

Sous le titre : *A Madame la marquise de Pompadour, par son très-humble et très-obéissant serviteur J. Daullé. — Le tableau appartient à Madame de Pompadour.— A Paris, chez l'auteur, rue du Plâtre St Jacques, attenant le collège de Cornouaille. A. P. D. R.*

B. NAT., B. ABB.

Cat. du marquis de Menars, n° 470 (ouvrage de M. Campardon). Même ouvrage, cat. du marquis de Marigny, n° 1 (voyez les indications données au n° 102). — Cat. Vign., V. Leblond, mars 1869, n° 181. — Basan, *Diction. des Graveurs.* — Rec. V° Daullé, n° 72. — Huber et Rost, t. 8.

—

104 — *Les Délices de l'Automne.*

Un jeune homme assis près d'une jeune fille , au milieu de la campagne, pose sur les genoux de cette dernière des grappes de raisin qu'il tient à pleines mains. La jeune fille est coiffée d'un chapeau posé sur le côté de la tête. Des arbres à gauche ; au fond, on aperçoit la campagne.

Gravure assez bonne ; même genre que *les Plaisirs de l'Été* et autres ; peut-être moins chatoyant, mais d'un effet plus artistique. Toutefois, l'expression de physionomie de la jeune fille, qu'on a voulu rendre gracieuse, n'est que forcée.

H. 0,328 ;   L. 0,433.

A la marge : *Les Délices de l'Automne.*

A la bordure de l'estampe : *Peint par F. Boucher. — Gravé par J. Daullé, graveur du roi et de l'Académie impériale d'Augsbourg.*

B. NAT., B. ABB.

Mentionné sous le n° 470 dans le Cat. du marquis de Menars et sous le n° 11 dans celui du marquis de Marigny (ouvrage de M. Campardon : *Mme de Pompadour,* etc.)

Cat. Vign., **V.** Hourlier, juin 1870, n° 520. — Basan, *Diction. des Grav.* — Rec. V° Daullé, n° 73. — Huber et Rost, t. 8.

—

105 — *Les Amusements de l'Hiver.*

Une femme, enveloppée de fourrures, est assise dans un traîneau qui a la forme d'une conque marine traînée par un cygne. Un personnage, chaussé de patins et couvert de vêtements fourrés, pousse le traîneau qui glisse sur la terre. Plus loin, vers la droite, un moulin et des bâtiments.

Il est difficile d'aller plus loin dans le genre faux de Boucher. Ici, l'invraisemblance et l'affectation dépassent réellement les limites du sens commun. Sans parler du personnage qui, avec ses patins, doit être fort gêné de courir sur la terre pour pousser le traîneau, on remarque avec surprise que, par le temps rigoureux que font supposer le sujet et la scène, la femme, bien que couverte de fourrures, n'en est pas moins représentée la tête nue, le cou et la gorge complètement décolletés.

La gravure, d'ailleurs, est assez bonne ; les vêtements sont bien rendus, mais les yeux sont, comme trop souvent, mal dessinés.

H. 0,333 ;   L. 0,433.

Sous la gravure, en bordure : *Peint par F. Boucher.— Gravé par J. Daullé, graveur du roi et de l'Académie impériale d'Augsbourg.*

B. Nat , B. Abb.

N° 470 du Cat. du marquis de Menars et au n° 11 de celui du marquis de Marigny, (voir au n° 102, *les Charmes du Printemps,* pour la description qui est faite dans ce dernier catalogue).

Voyez aussi, pour ces quatre pièces, Rec. V° Daullé, n°ˢ 71, 72, 73 et 74 : « *Les quatre saisons.* d'une composition très-agréable, « dont le Printemps et l'Automne sont des sujets pastorals (*sic*). « L'Été est représenté par plusieurs femmes qui se baignent, et

« l'HIVER par une femme sur un traîneau poussé sur la neige par
« un Tartare, d'après Boucher. »

Basan, *Diction. des Graveurs.* — Huber et Rost, t. 8.

———

106 — *Première Rencontre de Cavalerie.*

Un combat de quelques cavaliers au milieu d'une
plaine. Près de deux arbres, au premier plan, on voit
un cheval qui fuit ; un autre plus loin. Au fond, on
aperçoit des montagnes. Armes au bas, gravées au milieu du titre.

Gravure assez médiocre ; les chevaux, surtout celui du premier
plan, ne sont pas réussis. Pendant avec la *Deuxième Rencontre
de Cavalerie.*

H. 0,215 ;   L. 0,314.

A la marge : *Première Rencontre de Cavalerie.*

En bordure : *peint par Van der Meulen, — grav. par
J. Daullé, graveur du roi, en 1760.*

Sous le titre : *Tiré du cabinet de Mr Damery, officier
aux gardes françaises. — A Paris, chez J. Daullé, graveur
du roi, quay* (sic) *des Augustins, la porte cochère près la
rue Gilles Cœur.*

B. NAT., B. ABB.

Le tableau original, qui a été reproduit par cette gravure, est
mentionné sous le n° 117 dans le Catal. du marquis de Ménars
publié par M. Campardon dans son ouvrage : *Madame de Pompadour*, etc.

———

107 — *Deuxième Rencontre de Cavalerie.*

Sur le premier plan, deux cavaliers essuient réciproquement le feu de leurs pistolets. Sur le côté, un
cheval étendu mort. Au fond, combat entre plusieurs
cavaliers.

C. D.   8

Gravure assez médiocre; même genre que la *Première Rencontre de Cavalerie*. Mêmes indications à la marge.

H. 0,244;   L. 0,314.

B. Nat.,   B. Abb.

Rec. Ve Daullé, n° 19.

—

108 — *La Grecque sortant du bain.*

Une femme assise sur des coussins au bord d'une pièce d'eau; une suivante lui essuie les pieds, et une négresse lui arrange les cheveux. A côté se trouve une balustrade en marbre, garnie d'une urne à l'un des piliers; contre cette balustrade est posée une boîte de parfums. Au fond, on aperçoit un palais.

Gravure ordinaire, formant pendant avec *le Turc qui regarde pêcher*.

H. 0,262;   L. 0,373.

A la marge : *La Grecque sortante* (sic) *du bain.*

En bordure : *peint par Vernet — gravé par Daullé, graveur du roi et de l'Académie impériale d'Augsbourg.*

Sous le titre : *gravé d'après le tableau original qui est dans le cabinet de Monsieur Peilhou, secrétaire du roy.*

A Paris, chez Daullé, graveur du roi, rue du Plâtre St Jacques, à côté du collège de Cornouaille.

B. Nat.,   B. Abb.

Man. de Ch. Le Blanc, n° 50. — Rec. Ve Daullé, n° 22 : « *La « Grecque sortant du bain.* Ce sujet agréable est composé d'une « jolie sultane et de deux esclaves, dont une lui orne la tête de « diamants, tandis que l'autre lui essuie les pieds; d'ap. Vernet. »

Huber et Rost, t. 8.

Brulliot, 1re part., n° 1598, signale comme portant la marque D des estampes gravées par Daullé d'après Joseph Vernet. Je ne l'ai pas vue sur les épreuves qui me sont passées sous les yeux: elle existe peut-être sur celles avant la lettre.

109 — *Le Turc qui regarde pêcher.*

Le personnage principal est accoudé contre un bloc de rochers, près de la mer ; il tient une longue pipe turque à la bouche. Près de lui se trouve un autre in- dividu ; tous deux regardent un pêcheur qui tient un poisson au bout de sa ligne. Au loin, on aperçoit un navire en mer. Plus près, une barque de pêcheur. Dans le lointain, à gauche, une forteresse.

Même gravure, même genre que *la Grecque sortant du bain,* qui forme le pendant.

H. 0,252 ;   L. 0,374.

Mêmes indications à la marge.

B. Nat.,   B. Abb.

Man. de Ch. Le Blanc, n° 59. — Rec. V° Daullé, n° 23 : « *Le* « *Turc qui regarde pêcher.* On voit sur le devant de l'estampe « un homme qui pêche à la ligne ; près de lui est un Bacha (*sic*) « qui fume et le regarde, accompagné de plusieurs personnes de « sa suite, d'ap. Vernet. » — Huber et Rost, t. 8.

Brulliot, 1re part., n° 1598, signale comme portant la marque D des estampes gravées par Daullé d'après Joseph Vernet. Je ne l'ai pas vue sur cette pièce ; elle se trouve peut-être sur les épreuves avant la lettre.

---

110 — *Le Sérail du Doguin.*

Un chien dogue, gravement assis sur un coussin, la tête surmontée du croissant, ayant un coutelas en bandoulière et fumant un chibouk, jette son mouchoir à une chienne placée à gauche ; une autre chienne à droite. Sur un mur d'appui apparaît un chat qui les regarde fixement. A gauche, une allée d'arbres, au bout de laquelle on voit la campagne. Armes au bas.

Bonne gravure ; scène naïve où les animaux ont une vie et une expression comme Oudry savait les leur donner ; on peut seulement reprocher une trop grande fixité dans les yeux. Le chat est admirablement posé et représenté.

H. 0,333 ;   L. 0,464.

A la marge : *Le Serrail* (sic) *du Doguin.*

Sous la gravure, en bordure : *peint par J. B. Oudry, 1734 — gravé par J. Daullé, gr. du roi et de l'Académie impériale d'Augsbourg, 1758.*

Sous le titre : *Gravé d'après le tableau original du cabinet de Monsieur Dammery, officier aux gardes françaises.*

A Paris, chez Daullé, graveur du roi, rue du Plâtre St Jacques, à côté du collège de Cornouaille, A. P. D. R.

B. Nat., B. Abb.

Cat. Vign., V. en déc. 1869, n° 60 : « *Le Sérail du Doguin, la* « *Chienne braque avec toute sa famille*, deux sujets de chiens « d'après Oudry, ép. in-fol. » — Rec. Ve Daullé, n° 63 : « Ce « dogue se voit entre deux chiennes, sur un coussin de velours, « tenant d'une patte une grande pipe, et de l'autre un mouchoir « qu'il jette à celle qui est à sa droite. »

—

111 — *La Chienne braque avec toute sa famille.*

Une chienne, avec ses petits endormis près d'elle sur la litière ; elle dresse la tête en levant une patte. Au fond, une manne d'osier ; à gauche, un arbre.

Bonne gravure, faisant pendant avec *le Sérail du Doguin.* La tête de la chienne est très-belle d'expression et bien rendue par le burin, sauf des blancs trop mats ; le reste est moins bon.

H. 0,338 ;   L. 0,473.

A la marge : *La Chienne braque avec toute sa famille.*

Sous la gravure, en bordure : *peint par J. B. Oudry, 1752 — gravé par J. Daullé, graveur du roy et de l'Académie impériale d'Augsbourg, 1758.*

Sous le titre : *Gravé d'après le tableau original de J. B. Oudry, par J. Daullé, graveur du roy,* 1758.

A Paris, chez l'auteur, rue du Plâtre St Jacques, à côté du collège de Cornouailles, **A. P. D. R.**

B. Nat., B. Abb.

Cat. Vign., V. en déc. 1869, n° 60. — Rec. Ve Daullé, n° 64 : « *La Chienne braque et sa famille;* six petits chiens nouvellement « nés sont autour de leur mère, couchés dans une écurie. »

—

112 — *Les Buveurs de Lait.*

Deux enfants, dont l'un est à peine vêtu, se disputent une tasse de lait; un chien se dresse debout devant celui qui la tient. Des moutons à droite; un arbre au fond.

Gravure assez bonne, large de touche; les yeux des personnages ne sont pas réussis.

H. 0,345;   L. 0,206.

A la marge : *Les Buveurs de Lait.*

En bordure : *F. Boucher del.* — *J. Daullé sculp.*

Sous le titre : *A Paris, chés* (sic) *la veuve Daullé, quay des Augustins.*

Epreuves avant toute lettre.

B. Nat., B. Abb.

Cat. Vign., V. Leblond, mars 1869, n° 252. — Rec. Ve Daullé, n° 44 : « *Les Buveurs de Lait,* sujet composé de deux enfants qui « tiennent une écuelle pleine de lait. »

—

113 — *L'Oiseau chéri.*

Gravure avec un encadrement. Une jeune fille, la gorge découverte, vue de trois quarts, le cou et les cheveux ornés d'un ruban, a les mains appuyées sur une cage. Un oiseau, posé sur l'un des doigts de la jeune fille, approche son bec de ses lèvres.

La gravure, comme détails de mains et de figure, est assez bien finie, les tailles sont assez fondues ; mais il y a des blancs trop accusés. Même genre que *la Coquette*, avec laquelle elle forme pendant.

H. 0,235 ; L. 0,188.

A la marge : *L'Oiseau chéri.*

En bordure : *Gravé d'après le dessin de Fr. Boucher, par J. Daullé, graveur du roy, 1758.*

Sous le titre : *A Paris, chez Daullé, rue du Plattre* (sic) *St Jacques, à côté du collège de Cornouailles, A. P. D. R.*

B. Nat., B. Abb.

Rec. Ve Daullé, n° 7.

—

114 — *La Coquette.*

Gravure avec un encadrement. Une jeune fille, vue de trois quarts, la gorge découverte, un bras posé sur un meuble, l'autre levé ; deux mouches sont figurées sur son visage ; un ruban retient ses cheveux, et son cou est orné d'un collier.

Belle gravure, large d'effet, harmonieuse de tons, mais burin toujours un peu dur ; quelques détails, comme l'extrémité des doigts et du nez, ne sont pas assez soignés ; les blancs sont trop heurtés, trop mats. Elle fait pendant avec *l'Oiseau chéri.*

H. 0,235 ; L. 0,188.

A la marge : *La Coquette.*

En bordure : *Gravé d'après le dessin de Fr. Boucher, par J. Daullé, graveur du roy, 1758.*

Sous le titre : *A Paris, chez Daullé, rue du Plattre* (sic) *St Jacques, à côté du collège de Cornouaille, A. P. D. R.*

B. Nat., B. Abb.

Rec. Ve Daullé, n° 8.

115 — *La Peleuse de Pommes.*

Une femme assise sur une chaise devant une fenêtre, tenant une pomme qu'elle est occupée à peler. A côté d'elle, d'autres pommes sur une planche posée sur un panier ; devant elle, une table recouverte d'un tapis, et sur laquelle est étendu un lièvre à côté d'un seau. Au fond, on aperçoit une partie d'une large cheminée.

Bonne gravure ; la tête de la femme est bien burinée, les détails sont assez bien rendus ; mais le travail est un peu mou, et on aperçoit quelques blancs un peu trop mats.

H. 0,365 ; L. 0,290.

A la marge : *La Peleuse de Pommes. — Tiré du cabinet de Monsieur Peilhou, secrétaire du roy.*

En bordure : *Peint par Metzu — gravé par Daullé, graveur du roy, 1762.*

B. Nat.

Man. de Ch. Le Blanc, n° 55. — Huber et Rost, t. 8.

---

116 — *La Baigneuse surprise.*

Une femme, couchée sur le bord d'un étang, laisse échapper un panier de fleurs en regardant un personnage dont la tête est couverte de fleurs et d'herbes et qui l'examine à travers les roseaux. Le fond de la gravure est nu et sans paysage ; il n'y a sur le premier plan que des arbres, des fleurs et des roseaux. Armes au bas, à la marge.

Gravure ordinaire. Quelques détails sont bien burinés, mais l'anatomie des personnages est mal comprise ; on remarque, comme trop souvent, des blancs mats, des empâtements de chair ; le burin est, par endroits, dur et sec, et donne à la gravure un aspect métallique ; les yeux de la femme sont mal rendus.

H. 0,342;   L. 0,465.

A la marge : *La Baigneuse surprise.*

En bordure : *peint par Fr. Boucher — gravé par J. Daullé, graveur du roi, 1760.*

Sous le titre : *A Madame de Pompadour, dame du palais de la reine, par son très-humble et très-obéissant serviteur J. Daullé. — Le tableau appartient à Madame la marquise de Pompadour.*

A Paris, chez Daullé, graveur du roi, quay (sic) *des Augustins, la 1ère porte cochère à gauche du côté de la rue Gilles Cœur.*

Trois états : avant la lettre et les armes, — avant la lettre et avec les armes, — avec la lettre.

B. Nat.,   B. Abb.

Cette gravure est mentionnée sous le n° 12 du Cat. du marquis de Marigny, dans l'ouvrage de M. Campardon : *Madame de Pompadour,* etc., sous cette indication : « *Le fleuve Scamandre,* « sujet très-agréable, représentant une femme nue dans l'atti- « tude de la surprise en apercevant un homme à travers des « roseaux. Ce sujet a été gravé par Daullé sous le titre de *la Bai- « gneuse surprise ;* t. 21 pouces sur 13 de large. »

Cat. Vign., V. Leblond, mars 1879, n° 196. — Rec. V° Daullé, n° 70.

---

117 — *La Bergère endormie.*

Une jeune fille, la gorge découverte, est à demi-couchée sur des broussailles dans un endroit boisé ; elle tient un agneau sur ses genoux ; quatre brebis sont autour d'elle. Un jeune homme, appuyé contre un arbre et à demi-caché par les branches, se penche en avant et la regarde.

Médiocre comme composition et comme gravure ; la pose de la jeune fille n'est pas heureuse, le profil est trop effacé, l'épaule du jeune homme est à peine indiquée. La gravure n'est pas soignée, les blancs sont mats, notamment sur la jupe et le pied de la jeune fille; les détails des feuilles ou autres ne paraissent pas finis. Il y a peu de travail au burin, on voit trop les premiers travaux à l'eau-forte. Cette pièce paraît former pendant avec *Vénus et les Grâces au bain.*

H. 0,226;   L. 0,184.

A la marge : *La Bergère endormie. — Dessiné par Fr. Boucher et gravé par J. Daullé, graveur du roi, 1758.*

Et plus bas : *A Paris, chez Daullé, rue du Plâtre Sᵗ Jacques, à côté du collège de Cornouailles.*

B. Nat. B. Abb.
Rec. Vᵉ Daullé, n° 2.

118 — *La Ménagère Flamande.*

Une femme, sur le premier plan, tire de l'eau à un puits; à côté, un vieillard se présente dans l'embrasure d'une porte. Détails divers d'ameublement rustique, ustensiles de ménage, brouette chargée de légumes, tonneaux, baquets, etc. Au fond, des vaches rangées devant une mangeoire; près d'elles, des hommes et des femmes.

Gravure assez bonne, formant pendant avec *les Plaisirs Flamands;* détails assez bien traités.

H. 0,390;   L. 0,675.

A la marge, le titre : *La Ménagère Flamande.*

Sous le titre : *Gravé d'après le tableau original de Teniers, par J. Daullé, graveur du roi et de l'Académie impériale d'Augsbourg.*

A Paris, chez Daullé, rue du Plâtre Sᵗ Jacques, à côté du collège de Cornouailles.

B. Nat., B. Abb.

Rec. V° Daullé, n° 83, avec cette description : « Dans l'intérieur
« d'une ferme, on voit une femme qui puise de l'eau ; plusieurs
« autres figures sont occupées à donner à manger à des vaches ;
« d'après D. Teniers. »

---

119 — *Les Plaisirs Flamands.*

Groupes d'individus réunis sur une place, les uns
dansant au son de la cornemuse dont joue un musicien
monté sur un tonneau, les autres attablés à manger et
à boire. Plus loin, à gauche, la rue d'un village.

Même genre que *la Ménagère Flamande* qui forme pendant ; le
sujet est assez bien rendu, mais cependant le travail est négligé
par endroits.

H. 0,384 ;   L. 0,673.

A la marge, le titre : *Les Plaisirs Flamands.*

Sous le titre : *Gravé d'après le tableau original de Teniers, par J. Daullé , graveur du roi et de l'Académie
impériale d'Augsbourg.*

*A Paris, chez Daullé, rue du Plâtre St Jacques, à côté
du collège de Cornouailles.*

B. Nat.,   B. Abb.

Man. de Ch. Le Blanc, n° 56. — Rec. V° Daullé, n° 84 : « *Les
« Plaisirs Flamands*, représentés par une fête de village com-
« posée de plus de 50 figures occupées à chanter, boire et
« danser. »

Vente de feu M. Marin, 22 mars 1790, n° 46 : « Fête flamande,
« original de Teniers, gravé par Daullé sous le titre : *Plaisirs
« flamands.* »

---

120 — *Le Repas Flamand.*

Plusieurs personnages, un homme, deux femmes et
trois enfants, sont groupés autour d'une table grossière

sur laquelle sont posés des plats; ils ont tous les mains jointes pour la prière. A droite, un rouet ; une armoire dans le fond. Au dernier plan, à gauche, on aperçoit l'intérieur d'une cuisine où se trouvent un homme et une femme.

Gravure assez bonne, formant pendant avec *le Chirurgien Flamand ;* les détails sont bien rendus.

H. 0,479 ;   L. 0,323.

A la marge : *Le Repas Flamand.*

Sous la gravure, en bordure : *peint par Teniers, — gravé par J. Daullé, graveur du roi,* 1760.

Sous le titre : *Tiré du cabinet de Monsieur Peilhou, secrétaire du roy. — A Paris, chez Daullé, graveur du roi, quai des Augustins, la porte cochère près la rue Gille-Cœur, A. P. D. R.*

B. Nat.,   B. Abb.

Rec. V° Daullé, n° 51 : « *Le Repas Flamand ;* dans l'intérieur
« d'une maison sont, autour d'une table, diverses figures, les
« mains jointes, prêtes à commencer leur repas, d'ap. Teniers. »

———

121 — *Le Chirurgien Flamand.*

Un personnage, coiffé d'un bonnet fourré, est agenouillé devant un vieillard dont il panse le pied posé sur un escabeau. Une femme, tenant un enfant d'un bras et un panier de l'autre, regarde l'opération. Le chirurgien a auprès de lui divers instruments et des fioles ; d'autres objets et des flacons sont posés sur une table placée au milieu de la pièce ; à gauche, deux cruches et un fourneau ; un jeune garçon frappe avec un pilon dans un mortier. Divers autres détails d'intérieur.

Même genre que *le Repas Flamand* qui forme pendant. Bonne

gravure; les figures sont généralement bien traitées, les détails bien rendus.

H. 0,318 ;   L. 0,472.

A la marge : *Le Chirurgien Flaman* (sic).

Sous la gravure, en bordure : *peint par Teniers, — gravé par J. Daullé, graveur du roi, 1760.*

Sous le titre : *Tiré du cabinet de Monsieur Peilhou, secrétaire du roy. — A Paris, chez Daullé, graveur du roi, quai des Augustins , la porte cochère près la rue Gilles Cœur, A. P. D. R.*

B. Nat.,   B. Abb.

Rec. Vᵉ Daullé, n° 52 : « *Le Chirurgien Flamand* pansant dans « sa boutique le pied d'un vieillard, d'ap. Teniers. »

—

122 — *La Riboteuse Hollandaise.*

Gravure mentionnée sous le n° 57, œuvre de Daullé, dans le *Manuel de l'Amat. d'Est.* de Ch. Le Blanc, sous cette indication : « *Riboteuse Hollandaise (la)*, Gabr. Metzu, gr. in-fol. »

Huber et Rost, t. 8, sujets divers, n° 19.

—

123 — *Le petit Souffleur de bouteilles de savon.*

Un enfant, appuyé contre une pierre sur laquelle est posée une cuvette, souffle des bulles de savon.

Gravure d'un effet assez artistique, mais peu soignée comme exécution. Quelques détails toutefois sont bien rendus, mais beaucoup de parties ne sont pas terminées. Les blancs sont plaqués et non fondus dans les tailles; la tête du personnage paraît relativement trop grosse.

H. 0,228 ;   L. 0,186.

A la marge : *Le petit Souffleur de bouteilles de savon*

Gravé d'après le tableau original de Fr. Boucher, par

J. Daullé, graveur du roy, 1758. — A Paris, chez Daullé, graveur du roy, rue du Plâtre St *Jacques, à côté du collège de Cornouailles.*

B. Nat., B. Abb.

---

124 — *La Charité humaine.*

Une femme demi-couchée, à la lisière d'un bois; trois enfants nus sont groupés autour d'elle: l'un d'eux est au sein, un autre sur ses genoux; le dernier tend le bras vers un fruit que la femme cueille à un arbre en élevant le bras.

Gravure assez bonne, sauf la figure de la femme qui n'est pas réussie; les nus sont bien modelés; burin doux, moëlleux.

H. 0,327; L. 0,474.

Sous la gravure, en bordure: *peint par l'Albane, — gravé par J. Daullé en* 1768 (année de sa mort).

A la marge, le titre: *La Charité humaine.*

Au - dessous: *Gravé d'après le tableau original de l'Albane, qui est dans le cabinet du roy; large de* 1 *pied* 11 *pouces, sur* 1 *pied* 6 *pouces de haut.*

A Paris, chez la Vve *Daullé, quay des Augustins.*

B. Nat., B. Abb.

Man. de Ch. Le Blanc, n° 4. — Rec. Ve Daullé, n° 75: « *La Charité humaine,* représentée par une femme allaitant un enfant « et cueillant une grenade pour donner à deux autres qui sont « auprès d'elle. » — Huber et Rost, t. 8: « Une *Charité,* avec « trois enfants, d'après le tableau de l'Albane du cabinet du roi, « gr. in-fol. en t. »

---

125 — *Le Rafraîchissement des Voyageuses.*

Une femme et un enfant sont arrêtés au bord d'une cascade, au milieu de blocs de rochers. Un autre personnage à gauche, appuyé sur un bâton, ayant deux chiens devant lui. Paysage un peu confus dans le lointain. Des armes sont gravées au bas, à la marge.

Gravure fort ordinaire, peu soignée et à peine terminée; le jeu des eaux n'est produit que par quelque coups de burin, raides et sans effet; les blancs sont entièrement mats. Cette estampe paraît former pendant avec *Vénus et l'Amour, l'Amour porté par les Grâces* et le *Berger Napolitain.*

H. 0,276 ;   L. 0,357.

A la marge : *Le Rafraîchissement des Voïageuses* (sic).

Audessous : *peint par Boucher, — gravé par J. Daullé, graveur du roi et de l'Académie impériale d'Ausbourg,* 1758.

A Paris, chez Daullé, graveur du roi, rue du Plâtre St Jacques, à côté du collège de Cornouailles, A. P. D. R.

B. Abb.

Rec. Ve Daullé, n° 3 : « *Le Rafraîchissement des Voyageurs,* paysage orné de chûtes d'eau. »

—

126 — *Le Berger napolitain.*

Un berger, sa houlette à la main, près d'un cours d'eau où sont entrées deux vaches et une chèvre; des ruines formant paysage dans le fond. A gauche, montagnes et rochers, au milieu desquels se dressent deux arbres. Armes au bas.

Même genre que *le Rafraîchissement des Voyageuses* (n° 125), avec lequel il forme pendant, ainsi qu'avec *Vénus et l'Amour* et *l'Amour porté par les Grâces.* Gravure un peu meilleure, mais toujours fort ordinaire. Il y a des parties qui ne paraissent pas terminées, et aussi des blancs mats et non fondus avec les parties ombrées, notamment sur les troncs des arbres et le flanc d'une vache.

H. 0,275 ;   L. 0,357.

Sous la gravure, en bordure : *peint par Boucher, —
gravé par J. Daullé, gr. du roi,* 1758.

A la marge, le titre : *Le Berger napolitain.*

Sous le titre : *Gravé d'après le tableau original du
cabinet de Monsieur Dammery, officier aux Gardes Françoises. — A Paris, chez l'auteur, rue du Plâtre St Jacques,
à côté du collége de Cornouailles.*

B. Nat., B. Abb.
Rec. Ve Daullé, n° 6.

——

127 — *La Lanterne magique.*

Trois individus d'un type vulgaire, un homme, une
femme et une jeune fille, représentés à mi-corps, sont
groupés autour d'une lanterne grossière. Armes au bas.

Le dessin est médiocre ; toutefois, la gravure est assez bonne
et large comme travail du burin ; les yeux des personnages sont
peu réussis.

H. 0,352 ;   L. 0,265.

A la marge : *La Lanterne magique.*

Sous la gravure, en bordure : *peint par J. B. M. Pierre,
— gravé par J. Daullé, graveur du roy et de l'Académie
impériale d'Ausbourg,* 1757.

Sous le titre : *Gravé d'après le tableau original de J. B.
M. Pierre, du cabinet de M^r le comte de Vence, maréchal de
camp des armées du roy.*

*A Paris, chez l'auteur, rue du Plâtre St Jacques, à côté
du collège de Cornouailles, A. P. D. R.*

B. Nat., B. Abb.
Man. de Ch. Le Blanc, n° 51 : « J. B. Marie Pierre, gr. in-fol. »
— Cat. Vign., V. nov. 1868, n° 508. — Rec. Ve Daullé, n° 30. —
Huber et Rost, t. 8.

128 — *Les Charmes de la vie champêtre.*

Groupe de personnages dans la campagne. Une femme est assise et tient un mouton en laisse avec un ruban; une autre est couchée; un jeune homme s'approche de cette dernière. Paysage au loin. A gauche, une fontaine couverte de mousse et de lierre, ornée de bas-reliefs représentant des enfants groupés autour d'une chèvre. A gauche aussi, un arbre chargé de lierre s'élève au milieu de la composition. Armes au bas, au milieu d'un écusson.

Gravure assez bonne; burin assez brillant et chatoyant; les détails de feuillage et d'ornementation sont bien rendus, ainsi que les animaux; mais les personnages ne sont pas réussis, ils ne se détachent pas assez des détails, les yeux sont fixes, les nus ne sont pàs suffisamment modelés et sont marqués par des blancs trop mats.

H. 0,404 ;   L. 0,328.

A la marge : *Les Charmes de la vie champêtre.*

En bordure : *peint par F. Boucher, — gravé par J. Daullé, graveur du roi et de l'Académie impériale d'Ausbourg,* 1757.

Sous le titre : *A Monsieur le marquis de Marigny, conseiller du roi en ses conseils, commandeur de ses ordres, directeur et ordonnateur général de ses bâtiments, jardins, arts, académies et manufactures royales, par son très-humble et très-obéissant serviteur Daullé.*

*A Paris, chez Daullé, graveur du roi, rue du Plâtre S**t Jacques, à côté du collège de Cornouailles.*

Epreuves avant toute lettre.

B. NAT.,   B. ABB.

Man. de Ch. Le Blanc, n° 48. — Cat. Vign., V. Leblond, mars 1869, n° 192. — Rec. V° Daullé, n° 24.

129 — *Paysannes au bord d'une rivière.*

Des femmes groupées au bord de l'eau, dans différentes attitudes. En face et baignés par la rivière, des
rochers et des arbres. Au fond, à droite, on aperçoit
des ruines.

La gravure serait assez bonne si elle était plus soignée ; toujours des blancs trop mats et durs, aussi bien sur les personnages
que sur les rochers ; quelques arbres se détachent d'une manière
trop sèche sur le ciel.

H. 0,414;   L. 0,342.

A la marge : *Paysannes au bord d'une rivière.*

En bordure : *peint par Dietricy, peintre de la cour de
Saxe, — gravé par J. Daullé, graveur du roi, 1761.*

Et plus bas, sous le titre : *Le tableau appartient à
M* de Peters, peintre ordinaire de S. A. R. le prince
Charles de Lorraine, gouverneur des Païs-Bas, grand
maître de l'ordre Teutonique.*

*Se vend à Paris, chez Daullé, quai des Augustins, la
porte cochère près la rue Gilles-Cœur.*

B. NAT., B. ABB.

Man. de Ch. Le Blanc, n° 61, sous cette indication : « Villa-
« geoises au bord d'une rivière ; Chr. Wilh. Ernst Dietrich ;
« gr. in-fol. » — Rec. V° Daullé, n° 28. — Huber et Rost, t. 8.

—

130 — *Chasse à l'oiseau.*

Divers personnages, les uns à cheval, les autres à
pied, sont groupés sous les voûtes d'un monument en
ruines. L'un, à cheval, sonne du cor ; un autre tient un
faucon au poing ; deux autres, à pied, sont porteurs de
fusils. A gauche, des chiens près d'une porte. Au fond,

sous une voûte donnant sur la campagne, un individu arrive en conduisant un cheval devant lui.

Sujet un peu froid et sans mouvement; gravure médiocre, toutefois avec quelques détails bien rendus; trop d'opposition de lumière dans les blancs.

H. 0,312;   L. 0,463.

A la marge : *Chasse à l'oiseau.*

Sous la gravure, en bordure : *peint par Jean Miet, — gravé par J. Daullé, graveur du roi, 1761.*

Sous le titre : *Le tableau appartient à Mr de Peters, peintre ordinaire de S. A. R. le prince Charles de Lorraine, gouverneur des Païs-Bas, grand maître de l'ordre Teutonique. — A Paris, chez Daullé, graveur du roi, quay des Augustins, la porte cochère près la rue Gilles-Cœur.*

B. Nat., B. Abb.

Rec. V⁰ Daullé, n° 53.

131-132 — Deux planches pour un ouvrage d'anatomie, sur la même feuille.

La première se compose de trois figures représentant des enfants nouveaux nés ou pendant la grossesse de la mère : tirée d'un vol., tome 3, pl. VI, p. 202. — La deuxième représente un enfant plus grand, les bras et les jambes repliés : même vol., tome 3, pl. VII, p. 202.

Les planches sont bordées par un trait.

Haut. pour les deux, 0,192;   L. 0,150.

On lit au bas : *De Sève del. — J. Daullé sculp.*

B. Nat., B. Abb.

SUJETS MYTHOLOGIQUES OU THÉOLOGIE PAYENNE

123 — *La Vengeance de Latone.*

Gravure en ovale équarri. Une femme coiffée d'une espèce de turban orné de pierreries, la gorge découverte, est debout sur un îlot au milieu d'un étang, avec deux enfants à ses pieds ; elle lève les yeux vers le ciel et étend les bras à gauche vers des hommes nus qui sont dans l'eau jusqu'à mi-corps et dont deux sont changés en grenouilles. A droite, deux autres personnages couverts de draperies. Au loin, des animaux viennent s'abreuver au bord de l'étang. Au fond, une forêt et paysage. Armes au bas.

Bonne gravure, soignée et travaillée ; le visage et la gorge de la femme sont bien modelés et burinés, de même les enfants ; les draperies bien comprises, la perspective justement observée.

H. 0,418 ;   L. 0,335.

A la marge : *La Vengeance de Latone. — Ovid. met. liv. VI, fable VI. — Gravé d'après le tableau original de Jouvenet, par J. Daullé, graveur du roi,* 1762.

Du cabinet de Mr Damery, chevalier de l'ordre royal et militaire de St Louis. — A Paris, chez Daullé, graveur du roi, quai des Augustins , la porte cochère près la rue Gilles-Cœur.

Etat avant toute lettre, à peine terminé, sans les armes.

Autre état avant la lettre, mais avec les armes ; les tailles sont plus accusées.

B. Nat.

Man. de Ch. Le Blanc, n° 11. — Vente du 16 juin 1769, Loizebec expert ; collection de M. L**, n° 290. — Rec. V° Daullé, n° 26. — Huber et Rost, t. 8.

Nous avions déjà fait figurer cette gravure dans le catalogue de l'œuvre gravé de Le Vasseur, sous le n° 47, comme ayant été ébauchée par Le Vasseur, élève de Daullé.

---

134 — *Naissance et Triomphe de Vénus.*

Gravure en ovale dans un cadre carré. Vénus représentée nue, au milieu des eaux, tenant une colombe qu'elle porte à son cou ; des nymphes lui apportent des fruits. Au-dessus, dans les airs, groupes d'amours soulevant une guirlande de fleurs. Dans la mer, autour de Vénus, tritons, monstres marins et d'autres amours.

Le groupe d'enfants au bas est très-joli et parfaitement buriné, mais la pose du personnage principal est raide, l'anatomie laisse à désirer ; les tritons, surtout celui de gauche, ne sont pas réussis.

H. 0,408 ;   L. 0,333.

A la marge, le titre : *Naissance et Triomphe de Vénus. — Gravé par Daullé, graveur du roy, d'après l'esquisse peinte par Fr. Boucher.*

Au-dessous :

Quelle divinité sort du gouffre des mers ?
Que d'amours autour d'elle élancés dans les airs !
Tritons, accourez tous de vos grottes profondes ;
Nymphes, présentez lui l'hommage de vos ondes ;
Déjà tout reconnaît l'aubépine de ses yeux,
Leurs regards vont plus loin que les traits du tonnerre ;
Si les dieux règnent sur la terre,
Souveraine des cœurs, tu règnes sur les dieux.
Par M^r Le Brun.

A Paris, chez l'auteur, rue des Noyers.

Etat avant toute lettre. — Autre état avant l'entourage.

B. Abb.

Man Ch. Le Blanc, n° 7. — Cat. Vign., V. Hochart, 1869, n° 95.

—Id. V. Leblond, 1869, n° 189 : « Ep. avant toute lettre et avant
« l'entourage, vendue 64 fr. » (Note de M. Vienne). — Basan,
Diction. des Graveurs. — Rec. V° Daullé, n° 25 : « *La Naissance et
« le Triomphe de Vénus.* Une composition des plus agréables fait
« le sujet de cette estampe et l'éloge du peintre qui en est l'au-
« teur d'après Boucher. » — Huber et Rost, t. 8.

—

135 — *Vénus et les Grâces au bain.*

Au milieu de la composition, Vénus, la gorge découverte ainsi que les jambes, est assise au bord de l'eau,
tenant de la main un de ses pieds. A côté d'elle, à
gauche, une autre femme nue, vue de dos, se penche sur
l'eau où elle trempe un linge. Plus loin, du même côté,
deux autres femmes avec une corbeille de fleurs. A
droite et à gauche, des roseaux, et au fond, des arbres.

Même genre et dimensions que *la Bergère endormie*, avec laquelle elle paraît former pendant. Sujet gracieux, bien rendu ; le
personnage principal est surtout bien modelé, la figure finement
burinée ; les détails en général sont bien finis, les blancs suffisamment fondus.

H. 0,226;   L. 0,184.

Sous la gravure, en bordure : *Dessiné par F. Boucher.
et gravé par J. Daullé, graveur du roi,* 1758.

A la marge, le titre : *Vénus et les Grâces au bain.*

Au-dessous : *A Paris , chez Daullé , rue du Plâtre
St Jacques, à côté du collège de Cornouailles.*

B. Nat.,   B. Abb.

Rec. V° Daullé, n° 1 : « *Vénus et les Grâces au bain,* d'une
« composition agréable, d'après Boucher. »

Cette gravure est, je crois, désignée parfois sous le titre : *La
Toilette de Vénus* par Boucher et Daullé. Ce même sujet, la toilette
de Vénus, a été également gravé par Cl. Duflos.

136 — *Repos de Vénus et les Grâces au bain.*

Vénus endormie, demi-nue, près d'un étang, sur des draperies ; un carquois est près d'elle. D'un autre côté, deux nymphes s'essuyant ; deux autres nymphes sont dans l'eau jusqu'à la ceinture et paraissent se jouer en se cachant derrière des rochers. Au fond, on aperçoit deux personnages dans un bois qui entoure la scène. Armes au bas.

Gravure fort ordinaire ; l'aspect général est un peu mou, terne et froid. Toutefois, le travail n'est pas mauvais ; les détails des arbres et des feuilles au premier plan sont surtout bien réussis.

H. 0,413 ;   L. 0,327.

A la marge, le titre : *Repos de Vénus et les Grâces au bain.*

Gravé d'après le tableau original de Raoulx, du cabinet de Mr Dammery, officier aux gardes françoises, par J. Daullé, graveur du roi, 1758. — A Paris, chez J. Daullé, rue du Plâtre St Jacques, attenant le collège de Cornouailles.

B. Nat., B. Abb.

Man. de Ch. Le Blanc, n° 8. — Rec. V° Daullé, n° 28. — Huber et Rost, t. 8.

—

137 — *Jupiter en pluie d'or.*

Danaé est couchée demi-nue sur un lit entouré de draperies ; au-dessus, on voit tomber la pluie d'or. Une femme est assise au chevet du lit. A gauche, une grande cassolette ; à droite, une table chargée d'une boîte à parfums et d'une glace.

Gravure ordinaire ; certains détails de draperies sont bien compris. Estampe paraissant former pendant avec le *Prix de la Beauté.*

H. 0,327 ;   L. 0,447.

Sous la gravure : *Commencé par J. Daullé et terminé par P. Ch. Levesque, — peint par de Troy.*

A la marge, le titre : *Jupiter en pluie d'or.*

Dédié à Monsieur de la Live de Prunois, conseiller ho-noraire au parlement, par sa très-humble et très-obéissante servante Vve Daullé.

Etat avant la lettre.

B. Nat.,   B. Abb.

Cat. Vign., V. Leblond, mars 1869, n° 646 : ép. avant la lettre. — Rec. V° Daullé, n° 69 : « Jupiter en pluie d'or tombe sur le lit « de Danaé. »

—

138 — *Le Prix de la Beauté.*

Le berger (Pâris), assis sur un rocher, regarde trois femmes qui sont devant lui : l'une, à gauche, couverte d'une armure et d'un casque ; l'autre, à droite, demi-nue, s'enveloppant dans un riche manteau ; celle du milieu est assise, et derrière elle on voit un paon. Mercure voltige à droite ; un amour lance une flèche contre Pâris. La scène se passe au milieu d'un bois ; au fond, on aperçoit la campagne. Armes au milieu de la dédicace.

Bonne gravure ; le corps de Vénus est assez bien modelé ; la figure est jolie et finement burinée. Estampe paraissant former pendant avec *Jupiter en pluie d'or.*

H. 0,323 ;   L. 0,443.

A la bordure : *de Troy pinx. — J. Daullé sculp.*

Sous le titre : *Dédié à Monsieur de la Live de Pailly, brigadier des armées du roi, par sa très-humble servante veuve Daullé. — Gravé d'après le tableau original tiré de son cabinet.*

Se vend à Paris, chez la veuve Daullé, rue Gilles-Cœur.

B. Nat., B. Abb.

Cat. Vign., V. Duchamp, mars 1867, n° 197 : « *Le Prix de la*
« *Beauté*, in-fol., par Daullé, d'ap. de Troy ; rare. (*Jugement de*
« *Páris*). » — Rec. V° Daullé, n° 68 : « *Le Prix de la Beauté ou*
« *le Jugement du berger Páris*, à qui se présentent Vénus et les
« deux autres déesses, d'ap. de Troy. »

—

139 — *Jupiter et Sémélé.*

Jupiter, tenant d'une main une flamme ou tonnerre
se terminant par une tête d'aigle, paraît menacer une
femme couchée demi-nue sur un lit de repos. A côté
du lit, une espèce de sphinx.

Gravure assez bonne, large d'effets ; burin franc et bien conduit. Le Jupiter surtout est bien rendu.

H. 0,311 ;   L. 0,456.

A la bordure : *Peint par Paul Matthée. — Gravé par*
J. Daullé, graveur du roi, 1762.

A la marge, le titre : *Jupiter et Sémélé.*

(*Ovid. mct. liv. III, fab. III*).

Du cabinet de M{^r} Damery, chevalier de l'ordre royal et
militaire de S{^t} Louis.

Chez Pierre Fouquet Junior, M{^d} d'estampes à Amsterdam.
B. Abb.

Man. de Ch. Le Blanc, n° 6, avec ces indications : « *Jupiter et*
» *Sémélé;* P. de Matthei ; gr. in-fol. en larg. » — Huber et Rost,
t. 8.

—

140 — *Salmacis et Hermaphrodite.*

Les deux personnages sont à la lisière d'un bois et
au bord d'une fontaine qui coule d'une urne renversée ;
ils se tiennent embrassés. Au fond, par une éclaircie du
bois, on aperçoit la campagne.

Bonne gravure ; les personnages sont bien burinés, l'anatomie assez bien réussie, surtout pour Daullé ; mais le feuillé des arbres est grossièrement fait, et il y a des blancs trop mats sur les draperies.

H. 0,320 ;   L. 0,461.

Sous la gravure : *peint par de Troy — gravé par J. Daullé, graveur du roi, 1762.*

A la marge, le titre : *Salmacis et Hermaphrodite.*
(Ovid. met. liv. IV, fab. VIII).

Le tableau appartient à Mr de Peters, peintre ordinaire de S. A. R. le prince Charles de Lorraine, gouverneur des Pays-Bas, grand maître de l'ordre teutonique.

A Paris, chez Daullé, graveur du roy, quai des Augustins, la porte cochère au dessus de la rue Gilles-Cœur.

Etat avant toute lettre.

B. Nat.,   B. Abb.

Rec. Ve Daullé, n° 67 : « *Salmacis et Hermaphrodite,* sujet tiré « des *Métamorphoses* d'Ovide, d'ap. de Troy. »

——

141 — *Climène essayant les flèches de l'amour.*

Une femme presque nue est couchée sur des draperies au milieu d'un massif de feuillages dans un bois ; elle tient d'une main une flèche dont elle pose la pointe sur un de ses doigts. A côté d'elle, se trouvent un arc et des flèches. Gravure encadrée dans une baguette.

Genre faux et emprunté. La figure a une expression forcée, la tête est trop grosse, lourde et mal attachée, le corps est posé gauchement. La gravure est ordinaire ; le burin manque de souplesse dans les chairs ; toutefois, les détails de draperies sont assez bien rendus.

H. 0,277 ;   L. 0,245.

A la marge, le titre : *Climène essaïant les flèches de l'amour.*

Et au-dessous :

Belle, dont les mains toujours sûres
Vont du fils de Vénus lancer les traits vainqueurs ;
Quand ce dieu, par vos coups, aura percé nos cœurs,
En guérirez-vous les blessures ?

Peint par Nonnotte et gravé par son amy Daullé, gr. du roi.

B. Nat., B. Abb.
Rec. V⁰ Daullé, n° 15.

___

142 — *Vénus et l'Amour.*

Gravure en ovale, dans un cadre carré. Vénus est vue de dos, couverte de voiles que soulève l'Amour sous la forme d'un enfant. Au fond, des arbres.

Bonne gravure, burinée assez délicatement, mais elle ne paraît pas terminée ; les costumes des personnages, notamment ceux de Vénus, ne sont pas nettement accusés ; les blancs sont trop mats. Daullé n'avait peut-être pas mis la dernière main à ces gravures.

H. 0,230 ;   L. 0,187.

A la marge, le titre : *Vénus et l'Amour.*

Gravé d'après le dessin original de F. Boucher, par J. Daullé, graveur du roi. — A Paris, chez Daullé, rue du Plâtre St Jacques, à côté du collège de Cornouaille.

B. Abb.
Rec. V⁰ Daullé, n° 4.

___

143 — *Vénus endormie.*

Un satyre regarde Vénus couchée par terre dans un bois, et soulève des voiles qui la couvrent. A côté, un autre satyre entre deux arbres. On voit, près de la tête de la femme, un amour étendu sur des draperies et caressant une colombe. Plus loin, à gauche, deux personnages nus, dont l'un est couché ; ils cueillent des grappes de raisins. Arbres à droite et à gauche.

H. 0,372 ;   L. 0,528.

Sous la gravure, en bordure : *Nicolas Poussin. — Daullé sculp.*

A la marge, le titre : *Vénus endormie, surprise et découverte par un satyre. — A Paris, chez Daullé, rue du Plâtre St Jacques, à côté du collège de Cornouailles.*

Sur d'autres épreuves, on lit sous la gravure : *Peint par N. Poussin ; gravé par J. Daullé, graveur du roi,* 1760. — Et au-dessous du titre : *A Paris, chez Daullé, graveur du roi, rue du Plâtre St Jacques, attenant le collège de Cornouailles, A. P. D. R.*

Sur d'autres épreuves encore : *Peint par N. Poussin ; gravé par J. Daullé, graveur du roi et de l'Académie impériale d'Augsbourg,* 1759.

Autre état avant la lettre.

B. Nat., B. Abb.

Dans les *Archives de l'Art français*, tome 3, page 8, ce tableau du Poussin est mentionné comme l'un des huit du même peintre qui sont à la Galerie Nationale en Angleterre, et qui ont été remarqués par M. Victor Cousin en 1853, sous les indications suivantes : « N° 91 ; charmant petit tableau de 2 pieds 2 pouces de « haut., d'un pied 8 pouces de larg. — *Une nymphe dormant,* « *surprise par l'Amour et des satyres.* On a vu quelquefois dans « ce tableau Jupiter sous la forme d'un satyre surprenant An- « tiope pendant son sommeil ; gravé par J. Daullé et reproduit « dans l'ouvrage de Landon. »

Rec. V° Daullé, n° 82 : « Vénus endormie et découverte par un « satyre, d'après N. Poussin. » — Heller, p. 150, sous cet autre titre : *Jupiter et Antiope*, par Poussin.

D'après Mariette, Daullé a gravé deux planches d'après des

dessins que Jeaurat avait fait de deux tableaux du Poussin. (Voyez la pièce suivante.)

—

144 — *Jupiter sous la forme de Diane, amoureux de Calisto.*

Les deux personnages demi-nus, assis dans la campagne et s'embrassant. Des amours sont groupés autour d'eux : l'un joue avec deux chiens, un autre tient un flambeau dans les airs, un troisième lance une flèche, d'autres jettent des fleurs sur Jupiter et Calisto. Au loin, on aperçoit la campagne avec deux autres personnages et un chien.

Gravure médiocre; les amours sont presque tous assez mal rendus; les coups de burin sur les jambes nues des personnages sont trop rudes et trop larges ; les détails des arbres sont mieux réussis.

H. 0,374 ;   L. 0,534.

Sous la gravure : *Peint par le Poussin, — gravé par J. Daullé, graveur du roi et de l'Académie impériale d'Augsbourg.*

A la marge, le titre : *Jupiter sous la forme de Diane, amoureux de Calisto.*

Et au-dessous : *A Monsieur Betzky, général major et chambellan de Sa Majesté Impériale de toutes les Russies, chevalier de l'ordre de Ste Anne, par son très-humble et très-obéissant serviteur J. Daullé.—A Paris, chez l'auteur, rue du Plâtre St Jacques, à côté du collège de Cornouailles.*

Etat avant toute lettre.

B. Nat., B. Abb.

Man. de Ch. Le Blanc, n° 5, gr. in-fol.-- Rec. V° Daullé, n° 81 : « Jupiter sous la figure de Diane pour tromper la nymphe Ca-« listo, d'après N. Poussin. » — Cat. Vign., 1871, vente du cabinet Dromourt, n° 722, dessin au carreau pour la gravure. — Heller, p. 150, sous le titre : » Diane et Calisto. » — Huber et Rost, t. 8.

———

145 — *Quos ego.*

Neptune, armé de son trident, est debout dans une large conque trainée sur les eaux par des chevaux marins ; trois néréides accompagnent son char. Dans les airs, sont figurés les vents sous la forme de deux enfants soufflant violemment ; un autre vole en avant avec des espèces des nageoires au lieu de bras. Sur la mer, au loin et de divers côtés, des vaisseaux de toute forme. Armes au bas, dans un médaillon rond : ce sont deux écussons surmontés d'une couronne.

Bonne gravure, style large et artistique.

A la bordure : *Dessiné par C. Hutin — gravé par J. Daullé, gr. du roy,* 1752.

B. Nat., B. Abb.

Man. de Ch. Le Blanc : « Le *Quos ego*... Ch. Hutin, d'après « P. P. Rubens ; tableau de la galerie de Dresde. » — Huber et Rost, t. 8 : « Le *Quos ego* ou Neptune apaisant la tempête, etc. »

———

SUJETS ALLÉGORIQUES

146 — *Les Amours en gaîté.*

Un amour tient à la main un fruit ; un autre veut le lui prendre, et un troisième les regarde en tenant une colombe.

Gravure médiocre ; anatomie mal comprise. Toutefois, la tête de deux des amours est assez bien rendue. L'estampe forme pendant avec celle : *Les Amours folâtres.*

H. 0,280 ;   L. 0,234.

A la bordure de l'estampe : *Dessiné par **Fr. Boucher.***
— Gravé par Daullé, graveur du roy, 1750.

A la marge, le titre : *Les Amours en gayeté* (sic).

> *Ravis de voir fleurir votre agréable empire,*
> *Vous folâtrez, amours, vous ne pensez qu'à rire .*
> *Et regardez l'ennui comme un mortel poison.*
> *Heureux si, comme vous, aimant l'indépendance*
> *Et secouant le joug de l'austère raison,*
> *L'homme pouvait jouir d'une éternelle enfance.*
>
> *Par M. Moraine.*

A Paris, chez l'auteur, rue des Noyers.

B. Nat., B. Abb.

Cat. Vign., V. Durand, mai 1870, n° 31.—Rec. V° Daullé, n° 40.

—

147 — *L'Amour porté par les Grâces.*

Gravure dans un encadrement simple, comme celle de *Vénus et l'Amour,* avec laquelle elle forme pendant. Deux femmes nues, placées dos à dos, portent sur leurs épaules l'Amour dont le carquois est accroché à un tronc d'arbre , près duquel on voit son arc et son flambleau. Au loin, paysage à peine accusé.

Gravure médiocre ; les nus manquent de modelé et de fini.

H. 0,231 ;   L. 0,184.

A la marge : *L'Amour porté par les Grâces. — Paris, chez Daullé, graveur du roy, rue du Plâtre St Jacques, attenant le collège de Cornouailles.*

A la bordure, en marge : *Gravé par **J. Daullé**, graveur du roy, d'après le dessein originale (sic) de **Fr. Boucher**, 1758.*

B. Nat., B. Abb.

Rec. V° Daullé, n° 5.

148 — *L'Air*.

Cette pièce commence la série des quatre éléments, sujets en médaillons presque ronds et équarris. Trois amours groupés dans les airs; deux tiennent chacun une colombe. Armes au bas, au milieu du titre.

Gravure assez bonne; le burin y est largement accusé, mais les figures sont peu réussies, surtout pour les yeux.

H. 0,260;   L. 0,243.

Sous la gravure : *Peint par F. Boucher. — Gravé par J. Daullé, grav. du roy.*

A la marge :

> *Jeunes oiseaux que la tendresse inspire,*
> *Sortez de nos bois, unissez vos voix,*
> *Chantez l'amour : l'air est sous votre empire.*

Dédié à Son Excellence Monseigneur le comte de Bruhl, chevalier de l'ordre de l'Aigle Blanc, premier ministre de Sa Majesté le Roy de Pologne, électeur de Saxe, etc., par son très-humble et très-obéissant serviteur J. Daullé, graveur du roy. — Le tableau original, peint par Fr. Boucher, appartient au roy.

Epreuves à l'eau-forte seulement.

B. NAT., B. ABB.

Man. de Ch. Le Blanc, n°° 13 à 16. — Cat. Vign., V. Hourlier, juin 1870, n° 518 : « *L'Air*, groupe de trois amours avec des « pigeons, d'ap. Boucher, par Daullé, avec l'eau-forte pure. » — Id. V. Durand, mai 1870, n° 33. — Rec. V° Daullé, n°° 41 à 44.

---

149 — *Le Feu*.

Même genre de gravure que *la Terre, l'Air, l'Eau,* qui forment pendants. Groupe de trois amours : le premier lance une flèche, un autre porte un flambeau, et le troisième tient des cœurs dans une draperie. Armes au bas.

Gravure ordinaire ; le dessin est médiocre.

H. 0,272 ;   L. 0,247.

A la marge :

Sur le front de l'Amour
Brille une flamme pure ;
Aimons : c'est l'œil du jour,
Le feu de la nature.

Dédié à Son Excellence Mgr le comte de Bruhl, etc., etc.

B. Nat., B. Abb.

Man. de Ch. Le Blanc, n°s 13 à 16. — Cat. Vign., V. Durand, mai 1870, n° 33 : « *L'Air, le Feu, la Terre*, trois ovales équarris en haut. ; sujets d'enfants par Daullé. » — Rec. Ve Daullé, n°s 41 à 44.

—

180 — *La Terre.*

Suite des quatre éléments. Deux amours couchés et endormis ; autour d'eux , des grappes de raisin. Un troisième apporte, en la tenant sur sa tête, une corbeille remplie de raisins.

Bonne gravure, largement burinée ; détails bien rendus.

H. 0,257 ;   L. 0,240.

A la marge :

Que de trésors répandus sur la terre !
Quelles beautés ! tout prévient nos désirs.
Flore à Pomone y déclare la guerre :
Cérès mourant, Bacchus fait nos plaisirs.

Dédié à Son Excellence Mgr le comte de Bruhl, etc., etc.

Le tableau original, peint par Fr. Boucher, appartient au roy.

B. Nat., B. Abb.

Man. de Ch. Le Blanc, n°s 13 à 16. — Cat. Vign., V. Durand, mai 1870, n° 33. — Rec. Ve Daullé, n°s 41 à 44.

151 — *L'Eau.*

Même genre que ci-dessus, suite des quatre éléments. Trois amours groupés sur l'eau avec des dauphins. Celui du milieu soulève une draperie qui flotte au vent.

Burin largement poussé, mais anatomie mal comprise; le dessin laisse à désirer.

H. 0,262;   L. 0,245.

A la marge :

> *A l'eau qui de mille façons*
> *Court, serpente et se ramifie*
> *Hommes, oiseaux, arbres, poissons,*
> *Tous les êtres doivent leur vie.*

Dédié à Son Excellence Mgr le comte de Bruhl, etc., etc.

Pas d'autres indications sur l'épreuve qui m'est passée sous les yeux.

B. Nat., B. Abb.

Man. de Ch. Le Blanc, n°s 13 à 16. — Rec. Ve Daullé, n°s 41 à 44.

---

152 — *L'Enfant qui joue avec l'Amour.*

Deux enfants nus au milieu d'une espèce de grotte ; l'un tient une colombe dans ses bras croisés ; l'autre lui prend la tête et lui caresse la figure. A leurs pieds un carquois.

Gravure assez bonne, les figures sont fines et bien modelées par le burin, mais l'anatomie des corps est moins bonne.

H. 0,337;   L. 0,260.

A la bordure : *Peint par Vandik* (sic); — *gravé par J. Daullé, graveur du Roy, 1750.*

Sous le titre :

> *Tu badines, tu ris, enfant plein d'imprudence*
> *Avec un Dieu malicieux*
> *Qui, pour te mieux tromper, prend un air gracieux.*

C. D.   10

Des maux qu'il fait souffrir, la triste expérience
Fera couler tes pleurs un jour.
Tremble, fuis promptement, c'est le cruel amour.
Par Mr Moraine.

Tiré du cabinet de M. Prousteau, capitaine des Gardes de la ville. — Se vend à Paris, chez l'auteur, rue des Noyers.

B. Nat., B. Abb.

Rec. Ve Daullé, n° 32. — Heller, p. 150.

Mariette (*Abecedario*), en rappelant que cette pièce a été gravée d'après un tableau d'Antoine Van Dick, nous dit que ce tableau, quoique d'une composition différente, tient beaucoup de celle dont on a une estampe gravée par Arnold de Jode, et qui a pour sujet l'Enfant Jésus, recevant les actes de soumission du jeune saint Jean.

—

153 — *Qui que tu sois, voici ton maître, etc.*

Un amour debout contre une muraille ; il tient son arc sous le bras, et son carquois suspendu par un ruban. Ses ailes sont étendues ; il présente le doigt indicateur de la main gauche.

Bonne gravure, bien burinée; les nus sont assez largement travaillés, mais les yeux sont trop grands et sans expression.

H. 0,333 ;   L. 0,260.

A la bordure : *Peint par C. Coypel, premier peintre du roi, 1746, — gravé par J. Daullé, gr. du roi, 1755.*

A la marge :

Qui que tu sois, voicy ton maître,
Il le fut, ou l'est, ou doit l'être.

Au dessous : *Le Tableau original haut de 3 pieds et large de 2 po. est dans le cabinet de Mr de la Poplinière. — A Paris, chez l'auteur, rue du Plâtre St Jacques, à côté du collège de Cornouailles. A. P. D. R.*

B. Nat., B. Abb.

Man. de Ch. Le Blanc : « *L'Amour*, figure en pied : C. Coypel, « in-fol. » — Cat. Vign. V. Leblond. mars 1869, n° 399. — Rec. V° Daullé, n° 31 : « *L'Amour*, en pied, armé de son arc et de son « carquois, menaçant du doigt le spectateur. » — Huber et Rost, t. 8.

———

184 — *La muse Clio.*

Une femme représentée couchée au milieu des nuages, la gorge à demi-découverte, les bras croisés et appuyés sur une lyre, tient dans une de ses mains une flûte an- tique; un amour déroule à ses pieds une feuille de mu- sique. Armes à la marge au milieu du titre.

Bonne gravure, à larges traits; la tête de la femme manque d'expression, mais les nus sont bien modelés. Même genre que *la muse Erato* et *la muse Uranie*, qui forment pendants.

H. 0,287 ; L. 0,353.

A la bordure de l'estampe : *peint par Fr. Boucher,* — *gravé par Daullé, gr. du roy,* 1756.

Sous le titre : *à madame de Pompadour, dame du palais de la reine, par son très-humble et très-obéissant serviteur J. Daullé. — Le tableau appartient à madame de Pompa- dour. — A Paris, chez l'auteur, rue du Plâtre St Jacques, attenant le collège de Cornouailles.* **A. P. D. R.**

B. Nat., B. Abb.

Man. de Ch. Le Blanc : *La muse Clio*, Franç. Boucher, 1756. In-fol. en larg. — Rec. V° Daullé, n° 10.

———

185 — *La muse Erato.*

Une femme demi-nue, couchée au milieu des nuages, tenant de la main gauche un tambour de basque sur le- quel est posé l'index de sa main droite; près d'elle une couronne de lierres ; un amour lui présente une guirlande de fleurs.

Jolie gravure, même genre que *la Muse Clio* et *la Muse Uranie*, qui forment pendants. Les nus sont bien modelés, les détails bien rendus, mais les yeux de la femme sont trop grands ; les parties éclairées des draperies sont d'un blanc trop mat, et ne sont pas assez fondues avec les parties ombrées.

H. 0,289 ;   L. 0,352.

A la bordure : *peint par Fr. Boucher, — gravé par Daullé, gr. du roy, 1756.*

Sous le titre : *à madame de Pompadour, dame du palais de la reine, par son très-humble et très-obéissant serviteur J. Daullé. — Ce tableau appartient à madame de Pompadour. — A Paris, chés l'auteur, rue du Plâtre St Jacques, attenant le collège de Cornouailles. A. P. D. R.*

B. Nat., B. Abb.
Rec. Ve Daullé, n° 11.

—

186 — *La muse Uranie.*

Une femme demi-nue, couchée sur des nuages, le coude gauche appuyé sur une sphère ; au-dessus de sa tête, des étoiles en demi-cercle ; à ses pieds, un amour regarde le ciel avec une lunette. Armes à la marge, au milieu de la dédicace.

Même genre que *la muse Erato* et *la muse Clio*, qui forment pendants ; les nus sont assez bien modelés, mais les blancs sont trop mats.

H. 0,284 ;   L. 0,355.

A la bordure : *peint par Jeaurat, — gravé par J. Daullé, gr. du roi, 1756.*

Sous le titre, à la marge : *à Monsieur Damery, chevalier de l'ordre militaire des gardes françoises, par son* *très humble et très-obéissant serviteur J. Daullé. — A Paris, chez l'auteur, rue du Plâtre St Jacques, attenant au collège de Cornouailles.*

B. Nat., B. Abb.
Rec. Ve Daullé, n° 12.

---

157 — Frontispice de livre.

Une femme ailée, la gorge et les bras nus, assise contre des arbres, tient de la main gauche une grande tablette ou pancarte appuyée contre un rocher, et sur laquelle sont figurés des caractères qu'on ne distingue pas ; de l'autre main, elle tient une plume ; des manuscrits sont à ses pieds. Derrière elle et en partie caché par la tablette, on aperçoit le Temps avec sa faux.

Vignette finement burinée ; les draperies sont bien rendues. La tête de la femme est moins réussie.

H. 0,124 ;   L. 0,080.

Sous la gravure : *Cochin filius inv. — J. Daullé, sculp.*
B. Nat.

Cette vignette est quelquefois intitulée : *La Renommée et le Temps écrivant sur des tablettes. —* Œuvre de Cochin, 3e vol.

VUES ET PAYSAGES

158 — *Les différents travaux d'un port de mer.*

Grande composition, paysage historique. A droite, on voit une partie d'un grand monument avec colonnes ; plus loin, la façade d'un autre édifice ; en face, la mer avec des navires. Sur le premier plan, un port couvert de personnes : des manœuvres débarquant des tonneaux et les roulant, des marchands de fruits, des pêcheurs groupés jouant aux cartes. A gauche, la campagne avec des arbres tout près de la mer.

Bonne gravure, perspective bien observée.

H. 0,460 ;   L. 0,715.

A la bordure : *peint par Vernet, — gravé par J. Daullé, graveur du roi et de l'Académie impériale d'Augsbourg.*

Sous le titre, à la marge : *Tiré du cabinet de Monsieur Peilhou, secrétaire du Roy. — A Paris, chez Jean Daullé, rue Jean de Beauvais, n° 32.*

B. ABB.

Man. de Ch. Le Blanc, n° 49. — Huber et Rost, t. 8.

Brulliot, 1re part. n° 1598, signale comme portant la marque DJ (entrelacés) des estampes gravées par Daullé, d'après Joseph Vernet.

—

159 — *Le Pélerinage.*

Même genre. Les ruines d'un arc de triomphe ; plus bas, une statue de la Vierge, au pied de laquelle sont agenouillés des pélerins ; autres groupes de personnages sur le premier plan. A gauche et au fond, la mer avec des navires, un phare.

Gravure peut-être moins bonne ; le dernier plan est trop peu accusé.

H. 0,467 ;   L. 0,713.

Mêmes mentions que sur la précédente pièce: *les différents travaux d'un port de mer*, dont elle forme le pendant.

B. ABB.

Man. de Ch. Le Blanc, n° 54. — Hubert et Rost, t. 8.

Brulliot, 1re partie, n° 1598, signale comme portant la marque DJ (entrelacés) des estampes gravées par Daullé, d'après Joseph Vernet.

160 — *Première Vue des environs de Dresde en Saxe.*

Paysage historique ; personnages demi-nus, groupés dans la campagne auprès d'un lac au bord duquel un berger fait boire son troupeau; arbres à gauche. Dans le fond, ruines sur des rochers ; perspective au loin.

Composition assez bien comprise par le graveur, mais froide d'aspect; personnages et détails bien traités.

H. 0,285 ;   L. 0,452.

A la bordure de l'estampe : *Dietrick pinx. — J. Daullé excud.*

Après le titre : *Se vend à Paris, chez la veuve Daullé.*

B. ABB.

Rec. V⁰ Daullé, n° 55.

Il y a une seconde vue des environs de Dresde, aussi d'après Dietricy, gravée par Née; cette pièce était mise en vente chez la veuve Daullé.

—

161 — *Rome ancienne.*

Ruines de monuments à droite et à gauche; au fond, un arc de triomphe ; sur le premier plan, un vaste espace libre, sur lequel circulent des groupes d'individus, notamment une femme montée sur un cheval et près d'elle un berger avec sa houlette conduisant des moutons.

Belle gravure, faisant pendant avec *Rome moderne.*

H. 0,328 ;   L. 0,480.

A la bordure de l'estampe, sous la gravure : *peint à Rome, d'après nature, par Lallemand, 1750, — gravé à Paris, par Daullé, graveur du roi et de l'Académie impériale d'Augsbourg, 1759.*

Après le titre : *gravé d'après le tableau original du cabinet de Monsieur Damery, lieutenant aux gardes françoises.*

Et au-dessous : *à Paris, chez Daullé, graveur du roi,*

rue du Plâtre St Jacques, à côté du collège de Cornouailles.

B. ABB.

Rec. V° Daullé, n° 65.

—

162 — *Rome moderne.*

Vue du Tibre qui se déroule au pied du château Saint-Ange, que l'on voit en face. Au fond, vers la gauche, au-delà d'un pont, on aperçoit un château ou forteresse et l'église Saint-Pierre; sur le premier plan, groupe de pêcheurs; paysage historique.

Même genre que *Rome ancienne*, faisant pendant; gravure ordinaire, sans grand effet; les nuages laissent à désirer comme travail.

H. 0,335; L. 0,479.

A la bordure de l'estampe : *peint à Rome, d'après nature, par Lallemand, 1750, — gravé à Paris, par Daullé, graveur du roi et de l'Académie impériale d'Augsbourg, 1759.*

Après le titre : *gravé d'après le tableau original du cabinet de Monsieur Damery, lieutenant aux gardes françoises.*

Et au-dessous : *A Paris, chez Daullé, graveur du roi, rue du Plâtre St Jacques, à côté du collège de Cornouailles.*

B. ABB.

Rec. V° Daullé, n° 66.

—

163 — *Première vue d'Italie.*

A droite, les ruines d'un monument avec colonnes; près de là, sur le premier plan, deux personnages dont l'un est assis sur un arbre renversé; plus loin, un berger fait paître des chèvres. Paysage au fond avec une rivière ou un marais qui s'étend dans la campagne ; armes au bas.

Bonne gravure, ayant un caractère réellement artistique, dont une part revient à la peinture de Patel qui devait être fort belle ; les nuages sont moins bien rendus.

H. 0,270 ;   L. 0,382.

Sous la gravure, en bordure : *peint par Patel, — gravé par Daullé, graveur du roi et de l'Académie impériale d'Augsbourg.*

A la marge, le titre : *Première vue d'Italie.*

Et au-dessous : *tiré du cabinet de Monsieur Damery, lieutenant aux gardes françoises. — A Paris, chez Daullé, graveur du roi, rue du Plâtre St Jacques, à côté du collège de Cornouailles.*

B. Abb.

Rec. V° Daullé, n° 20.

—

164 — *Deuxième vue d'Italie.*

Même genre que la première vue, mais un peu plus chargée de détails. A droite, un monument circulaire en ruines, avec colonnes supportant une corniche. A gauche, des femmes lavent du linge à un bassin en ruines; à droite, un berger passe avec son troupeau. Paysage au loin; on aperçoit la mer avec des navires. Armes au bas.

Bonne gravure, dans le genre de la première vue d'Italie, avec laquelle elle forme pendant.

H. 0,253 ;   L. 0,380.

Sous la gravure : *peint par Patel, — gravé par Daullé, graveur du roi et de l'Académie impériale d'Augsbourg.*

A la marge, le titre : *Seconde vue d'Italie.*

Au-dessous : *tiré du cabinet de Monsieur Damery, lieutenant aux gardes françoises. — A Paris, chez Daullé, gra-*

*veur du roi, rue du Plâtre St Jacques, à côté du collège de
Cornouailles.*

B. Abb.

Rec. V Daullé, n° 21.

HISTOIRE

168 — *Diogène.*

Médaillon ovale équarri; le personnage est vu à
mi-corps, couvert d'un ample manteau et tenant une
lanterne; il a la barbe et les cheveux incultes, la physionomie rude. Armes au bas dans un médaillon.

Bonne gravure, d'un effet artistique; la figure est bien burinée
et vigoureusement fouillée.

H. 0,247;   L. 0,207.

A la marge : à g., *Quadro di Giuseppe Ribera detto lo
Spagnoletto, cavato dalla Galleria reale di Dresda, alto p.
2,08, largo p. 2,02* ; à dr., *Tableau de Joseph Ribera, dit
l'Espagnolet, de la Gallerie royale de Dresde, haut. 2 pi.
8 pouc., larg. 2 p. 2 pouc.*

Au-dessus de la lanterne, dans la gravure même, on
lit : *Jusep. de Ribera, espanol F. 1637.*

A la bordure, sous l'estampe : *dessiné par F. Hutin,
— gravé par J. Daullé, gr. du roi, à Paris, 1752.*

Etat avant toute lettre.

B. Nat.

Man. de Ch. Le Blanc, n° 21 (histoire) in-fol.

Mentionnée dans le catalogue des objets d'art et de curiosité
du marquis de Menars, à la fin de l'ouvrage : *Mad de Pompadour,
etc.,* par M. Campardon, sous le n° 435, avec deux autres : *La
Vierge et l'Enfant Jésus* et *les deux Fils de Rubens,* toutes trois de
Daullé, pour la galerie de Dresde.

Cat. Vign. V. Hochart, 1869, n° 1158. — Basan, dict. des grav.
— Hubert et Rost, t. 8.

THÉOLOGIE CHRÉTIENNE

166 — Saint Pierre pleurant.

Le saint, couvert d'une ample draperie, se trouve dans une sorte de vestibule où il est à demi-prosterné, les mains jointes. Sa tête est tournée de côté et se trouve ainsi trés-éclairée, mais d'une manière assez étrange; par terre, à droite, on voit son épée; près de lui, sur une colonne peu élevée, se tient un coq, le bec ouvert. Au fond, à gauche, par une ouverture, on voit un homme et une femme, celle-ci de dos; plus loin, on aperçoit la campagne. Armes à la marge, entre les titres, dans un médaillon rond; ce sont deux écussons juxtaposés, surmontés d'une couronne.

Gravure assez bonne; singulière expression de la figure du saint, laquelle cependant est bien fouillée et peut-être même un peu trop fatiguée de rides et de plis; effet métallique de cette figure d'un ton un peu heurté et avec des blancs trop accusés.

H. 0,417; L. 0,306.

A la marge, à gauche des armes : *Quadro di Giovanni Lanfraneo dalla Galleria Reale di Dresda, alto pi. 5, onc. 6, — largo pi. 4, onc. 1*; et à dr., *Tableau de Jean Lanfranc, de la Gallerie royale de Dresde, n° 24; haut. 5 p. 6 pouc., — large. 4 pi. 1 pouc.*

A la bordure : *dessiné par C. Hutin, gravé par J. Daullé, gr. du roi,* 1756.

B. Nat.

2ᵉ vol. de la collect. de la Galerie de Dresde, n° 24, sous le titre suivant, indiqué aux premières pages : *Saint Pierre pleurant*, d'après Jean Lanfranc, par Jean Daullé, à Paris.

167 — Sainte Madeleine.

Elle est couchée, la figure tournée contre terre, sur un sol pierreux, appuyée sur son coude droit et soutenant sa tête de la main droite; elle tient un livre de la main gauche. La gorge est en partie découverte, les bras sont nus, les cheveux abondants et ondulés tombent sur ses épaules; le corps est enveloppé d'une draperie sombre, les deux pieds sont à nu. Armes à la marge, dans un médaillon rond; elles se composent de deux écussons surmontés d'une couronne.

Bonne gravure, largement burinée; les nus sont bien traités; il y a un effet de demi-jour tombant sur les épaules qui est très-bien rendu.

H. 0,267;   L. 0,367.

A la marge : à g., *Quadro d'Antonio Allegri detta il Correggio cavato dalla Galleria reale di Dresda, della stessa grandezza della stampa;* à dr., *Tableau d'Antoine Allegri, dit le Corrège, de la Gallerie royale de Dresde, n° 4, de la même grandeur que l'estampe.*

A la bordure de la gravure : *dessiné par C. Hutin; gravé par J. Daullé, graveur du roy,* 1753.

B. NAT.,   B. ABB.

1er vol. de la galerie de Dresde, 4e estampe, sous la désignation, à la première page : « *Sainte Madelaine,* tableau du Corrège, « peint sur cuivre, de la même grandeur que l'estampe. » — Man. de Ch. Le Blanc, n° 2, Théologie chrétienne : « *La Madeleine,* « Antonio Allegri, in-fol., en haut. » — Heller, p. 150. — Huber et Rost, t. 8. — Basan, Dict. des grav.

Heinecken, t. 4, p. 550, en mentionnant cette pièce, ajoute qu'elle mérite particulièrement d'être remarquée, ainsi que celle : *Les deux Fils de Rubens.*

168 — La Vierge et l'Enfant Jésus.

La Vierge, la tête couverte d'un voile qui laisse la figure et le cou bien à découvert, soutient de la main
gauche l'Enfant Jésus couché demi-nu sur un coussin
posé sur une table, la tête appuyée sur l'épaule de sa
mère ; celle-ci, de la main droite, soulève légèrement
son voile. Draperies au-dessus. Armes à la marge au
milieu d'un médaillon rond ; ce sont deux écussons surmontés d'une couronne.

Belle gravure, bien finie, bien travaillée ; admirable expression
de la figure de la Vierge, burinée d'une manière très-correcte et
régulière ; les draperies sont bien traitées. L'enfant est moins
bien réussi.

H. 0,283 ;   L. 0,246.

À la bordure : *dessiné par C. Hutin, — gravé par J.
Daullé, gr. du roi, à Paris,* 1752.

A la marge : à g., *Quadro di Carlo Maratti Cavato della
Galleria reale di Dresda, alto pi. 1, onc. 7 1/2 : largo pi. 1,
onc. 3* ; à dr., *Tableau de Charles Maratti, de la Galerie
royale de Dresde, hauteur 1 pi. 7 1/2 pouc., largeur 1 p.
3 pouc.*

B. NAT.

45ᵉ est., dans les vol. de la galerie de Dresde, indiqué sous le
titre : *Sainte Vierge avec l'Enfant Jésus.*

Cette estampe est mentionnée dans le catalogue des objets d'art
et de curiosité du marquis de Menars, publié à la fin de l'ouvrage
de Mʳ Campardon, sur Madame de Pompadour, nᵒ 435, avec deux
autres : *Diogène* et *les deux Fils de Rubens*, toutes trois par
J. Daullé, pour la galerie royale de Dresde.

—

169 — *Caïn et Abel.*

Caïn, demi-nu, couvert d'une peau de bête, est debout

devant le corps de son frère étendu par terre ; dans les airs, au-dessus de Caïn, apparition de Dieu, qui le maudit.

Bonne gravure ; les corps de Caïn et d'Abel, ce dernier moins en évidence, sont largement burinées, l'anatomie en est bien comprise et bien rendue ; toutefois la figure de Caïn paraît forcée comme expression; la tête de Dieu, avec une grande barbe blan—che, est très-belle.

H. 0,348 ;   L. 0,467.

Sous la gravure : *peint par Dietricy, peintre de la Cour de Saxe, — gravé par J. Daullé, graveur du roy, 1761.*

A la marge, le titre : *Caïn et Abel.*

Au-dessous : *Ce tableau appartient à M. de Peters, etc. —A Paris, chez Daullé.*

B. NAT.,   B. ABB.

Man. de Ch. Le Blanc, n° 1. — Rec. V° Daullé, n° 54. — Huber et Rost, t. 8.

—

170 — Bénédiction de Jacob.

Isaac, assis dans un fauteuil et appuyé sur des coussins, impose la main sur Jacob agenouillé devant lui ; à gauche, une femme regarde la scène, son doigt posé sur les lèvres, et en plaçant un plat sur une table. Détails d'intérieur; draperies derrière le fauteuil d'Isaac; à côté, un chien ; ustensiles de ménage près de la table.

Grande et belle pièce, largement burinée, d'un effet artistique.

H. 0,458 ;   L. 0,682.

Dans la gravure, sur un carquois, on lit : *Boucher, pinx. — Daullé, sculp.*

Et plus loin, contre les jambes de Jacob : *à Paris, chez Hecquet, place de Cambray, à l'image St Maur.*

A la marge, le titre : *Jacob, par le conseil de sa mère,*

*enlève la bénédiction de son père Isaac, au préjudice d'Ésaü,
son frère.*

B. Nat.

Gen. chap. 27.

171 — *Méditez ces mystères,* etc.

Un moine agenouillé près d'un arbre devant la Vierge
et l'Enfant Jésus qui apparaissent dans les airs; il
reçoit un chapelet des mains de l'Enfant. Anges groupés
autour de la Vierge dont la tête est entourée d'une
auréole; au bas, une sphère et un petit chien qui tient
un flambeau dans sa gueule. Pièce cintrée dans le haut.

Gravure médiocre, les têtes sont mal composées, les yeux sont
manqués.

H. 0,325; L. 0,248.

A la bordure : *F. Joannes André Parisinus ordinis
FF. prædicatorum pinxit,* 1731. — *J. Daullé, sculp.*

A la marge, le titre : *Médités ces mystères, soyés-en
toujours occupé* (sic), *affin* (sic) *que votre avancement paroisse aux yeux de tout le monde.* — *Paris, chez la Vᵗᵉ de F.
Chereau, graveur du roy, rue Sᵗ Jacques, aux deux pilliers
d'or.*

Épreuves avant la lettre.

B. Nat.

Man. de Ch. Le Blanc, nᵒ 3 : *Le Mystère du Rosaire,* p. in-fol.
— Huber et Rost, t. 8 : « *Le Mystère du Rosaire,* avec l'inscrip-
« tion : *Méditez ces Mystères,* d'après frère Jean André, pièce
cintrée, petit in-fol. »

172 — Vignette d'ouvrage religieux. La Vierge, dans
les airs, soulève une draperie et découvre le triangle divin figuré au milieu d'une auréole; à terre, deux personnages, dont l'un est agenouillé et l'autre couché.

Gravure ordinaire.

H. 0,104 ;   L. 0,063.

Avant la lettre.

B. Nat., B. Abb.

Sur une épreuve qui m'est passée sous les yeux, on lisait au crayon : *Eisen — Daullé sculpsit.*

—

173—Sujet religieux allégorique, genre vignette. La Vierge s'élève dans les airs, portant sa croix et entourée d'anges ; elle tient de la main droite un livre sur lequel on lit : *In omne loco sacrificatur et offertur nomini meo oblatio munda,* etc. I, v. II. Sur le livre, l'agneau divin couché, entouré d'une auréole ; au bas, un vase renversé, une brebis et un bélier morts.

Gravure ordinaire.

H. 0,282 ;   L. 0,180.

A la marge : à g., *J. Dumont Romanus invenit ;* à dr., *J. Daullé, sculp.* 1737.

—

174 — Autre vignette reproduisant exactement le même sujet, traité de la même manière, mais dans des dimensions plus petites.

H. 0,119 ;   L. 0,068.

A la marge : à g., *Dumont Romanus, inv^t ;* à dr., *J. Daullé sculp.*

B. Nat., B. Abb.

APPENDICE

Comme nous désirons, avant tout, que notre travail
soit aussi complet que possible, nous mentionnons encore ici quelques renseignements et certaines indications
recueillies en cours d’impression et que nous n’avons
pu, pour cette raison, faire figurer à leur place res-
pective.

C’est ainsi que, parmi les ouvrages consultés, nous
devons encore ajouter : *Histoire du comté de Ponthieu, de
Montreuil et de la ville d’Abbeville, sa capitale, avec la Notice de leurs hommes dignes de mémoire* (2 vol., Londres et
Abbeville, chez Devérité fils, libraire, rue Saint-Gilles,
près la place Saint-Georges, MDCCLXVII, 2 vol. in-12).

Nous y voyons que c’est à l’âge de seize ans, âge heureux où le plus souvent les vocations se déterminent,
qu’on l’envoya à Paris, chez Hecquet, aussi d’Abbeville,
où il fit des progrès rapides qui honorèrent à la fois le
maître et l’élève. Daullé fut dispensé, paraît-il, pour
être reçu à l’Académie, du second tableau que l’Académie avait coutume d’exiger, parce que sa pièce de réception, le portrait de *Rigaud peignant sa femme*, présen-
tait deux figures. Nous avons vu, d’ailleurs, que ces
deux figures étaient aussi admirablement gravées l’une
que l’autre.

C. D.

11

Le biographe abbevillois, Devérité, contemporain de Daullé, nous apprend aussi que la vraie ressemblance de ses portraits a contribué, ainsi que la hardiesse de son burin, à porter loin sa réputation, et que celui de Louis XV, à la fleur de sa jeunesse (Cat. n° 32), lui fit beaucoup d'honneur et lui valut le brevet de graveur du roi. Nous avons dit que Daullé était principalement remarquable par sa galerie de portraits, et nous sommes heureux de constater, par un de ses contemporains et compatriotes, que ses portraits étaient très-ressemblants, ce qui leur donne un mérite de plus.

Comme dernière indication, nous devons dire encore que Daullé a été représenté, sous le n° 60, dans le *Tableau des Hommes illustres d'Abbeville* par Choquet.

Pour les pièces du catalogue, nous signalons les quelques indications nouvelles qui suivent :

N° 2. ANASTASIE, p. 324. — Ce portrait a été lithographié de nos jours sur un dessin de Sorrien, d'après Daullé. — Édité chez Lecomte, 5, boulevart des Italiens et à l'imp. Lemercier et Cie, à Paris.

N° 31, p. 344. — LOUIS XV, petit médaillon qui figure au sommet du frontispice du *Recueil des Historiens de la Gaule et de la France*, par Dom Martin Bouquet.

N° 52, p. 360. — ORLÉANS (*Louis d'*); il porte, outre l'ordre de la toison d'or, en sautoir, un large ruban en écharpe; la tête est couverte d'une perruque. La largeur totale est 0,203.

N° 59, p. 365. — PEYRONIE (*la*), genre vignette; au-dessus de la gravure, on lit : *Histoire de France*. Au bas, mais dans l'encadrement, le titre : *la Peyronie*. Les indications de Daullé à g., et de *Landon* à dr., sont en bordure, à la marge.

N° 69, p. 370. — Rigaud. Le portrait d'*Élisabeth de Gouy*, femme de Rigaud, a été représenté, seul, sur une toile de Rigaud, et a été gravé par Wille en 1743.

N° 70, p. 372. — Rosset (*Marie Antoinette de*). L'autel antique se trouve à gauche. Grande pièce au carré, se terminant, pour la partie gravée, aux deux tiers à peu près de l'encadrement, qui porte en son entier 0,540^{mm} de hauteur, en y comprenant le titre qui est renfermé dans le filet d'encadrement.

N° 72. Les deux fils de Rubens, p. 376. — Ces portraits ont été également gravés par Danzel, sur une planche de mêmes dimensions que celle de Daullé, et d'après le même tableau (Basan, cat. des Estampes gravées d'après P. P. Rubens, n° 56). Hecquet, qui avait fait précédemment le même catalogue, n'avait pas mentionné cette planche de Danzel.

N° 83, p. 384. — Thiboust. Il y a un 3° état avec le titre sur le socle, comme dans le 2° état, mais on y a ajouté la date de la mort, sous cette indication : *Mort le 22 avril* 1737.

N° 88. — Au-dessus de la gravure, sur des épreuves, on lit : (*Salm. de*).

TABLE

DES

PIÈCES GRAVÉES PAR DAULLÉ

PORTRAITS

Nᵒˢ d'ordre	Sujets des estampes	D'après	Gravé eu
23	GAUFFECOURT	Nonnotte	1754
24	GENDRON	Rigaud	1737
25	HECQUET (Philippe)	Belle	
26	LAMOIGNON (de)	Valade	1755
27	LAMOIGNON (de)		
28	LAUBRIÈRE (Lefebvre de)	Aved	1736
29	LEMERCIER	Vanloo	
30	LORRAINE (Charles de)	de Meytens	
31	LOUIS XV, vignette	Bourgoin	1739
32	LOUIS XV, roi de France et de Navarre	Vanloo	
33	LOUIS XV	Rigaud, le Moine	1738
34	LOUIS XV, dauphin de France	Belle	
35	LOUIS XV	Rigaud	1737
36	LOUIS, dauphin de France	Tocqué	
37	LOUIS, dauphin, fils de Louis XV		
38	MAILLY (Louis de)		
39	MARESCHAL (Georges)	Fontaine	
40	MARIE, princesse de Pologne, reine de France et de Navarre	Tocqué	
41	MARIE-JOSÈPHE, reine de Pologne	de Silvestre	1750
42	MARIE-THÉRÈSE, reine de Hongrie	de Meytens	
43	MARIETTE (Jean)	Pesne	1747
44	MAUPERTUIS (de)	Tournière	
44	MAUPERTUIS (de), plus petit	Tournière	
46	MEERMANN	Peronneau	
47	MIGNARD (Catherine)	Mignard	1735
48	NESTIER (de)	Delarue	1753
49	NONNOTTE	Nonnotte	

Nᵒˢ d'ordre	Sujets des estampes	D'après	Gravé en
50	ORLÉANS (Louis-Philippe d')................	Belle.................	1735
51	ORLÉANS (Louis d').....	Vanloo.............	
52	ORLÉANS (Louis d'), duc d'Orléans............	Coypel	
53	ORLÉANS (Louis, duc d')..	Coypel	
54	PALLU (le père Martin)...	Nonnotte...........	
55	PALLU, plus petit.......	Nonnotte............	1738
56	PATOT.................	....	
57	PÉLISSIER (Mademoiselle).	Drouais............	
58	PEYRONIE (de la)........	Rigaud..............	1755
50	PEYRONIE (de la), petit..	....	
60	PINTO.................	....	1744
61	PINTO, plus petit........	Rigaud.............	
62	POLIGNAC (cardinal de)..	Rigaud	
63	POLIGNAC (cardinal de), plus petit...........	Rigaud	
64	POMPADOUR (madame de).	....	
65	PONTCARRÉ (de)........	Sixe................	
66	PUYSÉGUR (de Chastenet de).................	Tournière...........	
67	RACINE (Jean)..........	....	1752
68	RASTIGNAC (de Chapt de).	....	
69	RIGAUD (Hyacinthe).....	Rigaud	
70	ROSSET (Marie-Antoinette de)............. ...	....	
71	RUBENS (les deux fils de).	Rubens.............	1752
72	ROUSSEAU (Jean-Baptiste).	Aved.	
73	SEYXAS (Joseph-Antoine).	....	
74	SIMON (Claude de Saint).	Rigaud.............	1744
75	SIRERA (Francus).......	de Lobel	
76	SONNOIS..............	J. B. Cornu.........	
77	STUART (Ch.-Edouard)..	....	1744
78	STUART (Ch.-Edouard), autre..............	....	

Nos d'ordre	Sujets des estampes	D'après	Gravé en
79	STUART (Henri-Benoit)...	....	
80	STUART (Henri-Benoit), cardinal d'York......	....	
81	SUTAINE (Pierre)........	Guillemard..........	1738
82	TAFFOUREAU DE FONTAINE.	....	
83	THIBOUST (Claude-Louis).	....	
84	VALOIS (Marguerite de), comtesse de Caylus ...	Rigaud..............	1743
85	VAN DYCK (Antoine)....	Van Dick...........	
86	VANLOO (Carle)	Cochin, le fils	1754
87	VINTIMILLE (de)........	Rigaud	
88	FRAN. S.R., imp. com. in Salm...............	....	1740
89	RUBENS?.............	Rubens.............	1757
90	Inconnu	....	
91	Inconnu, ecclésiastique..	....	

SUJETS DE GENRE

Nos d'ordre		Sujets des estampes	D'après	Gravé en
92		Ce Spectacle ambulant, etc................	J. Dumont le Romain.	1739
93		Croissez, tendres enfants, etc................	J. Dumont..........	1739
94		La Surprise du vin......	Le Nain.............	1758
95		L'Ecole champêtre.......	Le Nain.............	1758
96		Les tendres Adieux de la laitière.............	Le Nain.............	
97		Fête bachique	Le Nain.............	
98	1	La Marchande d'œufs (1).	F. Boucher.........	
99	2	La Vendangeuse........	F. Boucher.........	
100	3	La Souffleuse de savon...	F. Boucher.........	
101	4	Le Marchand d'oiseaux..	F. Boucher.........	
102	1	Les Charmes du printemps................	F. Boucher.........	

(1) Les doubles nos indiquent les pièces qui forment pendants entre elles.

Nᵒˢ d'ordre		Sujets des estampes	D'après	Gravé en
103	2	*Les Plaisirs de l'été*	F. Boucher..........	
104	3	*Les Délices de l'automne..*	F. Boucher.........	
105	4	*Les Amusements de l'hiver*	F. Boucher.........	
106	1	*Première rencontre de cavalerie*	Van der Meulen......	1760
107	2	*Deuxième rencontre de cavalerie*	Van der Meulen......	1760
108	1	*La Grecque sortant du bain*	Vernet.............	
109	2	*Le Turc qui regarde pêcher*	Vernet.............	
110	1	*Le Sérail du doguin*.....	Oudry.............	
111	2	*La Chienne braque avec toute sa famille*.......	Oudry.............	
112		*Les Buveurs de lait*	F. Boucher..........	
113		*L'Oiseau chéri*..........	F. Boucher..........	1758
114		*La Coquette*...........	F. Boucher..........	1758
115		*La Peleuse de pommes* ...	Metzu..............	1762
116		*La Baigneuse surprise*...	F. Boucher..........	1760
117		*La Bergère endormie*....	F. Boucher..........	1758
118	1	*La Ménagère flamande*...	Teniers.............	
119	2	*Les Plaisirs flamands*....	Teniers.............	
120	1	*Le Repas flamand*.......	Teniers.............	1760
121	2	*Le Chirurgien flamand*...	Teniers.............	1760
122		*La Riboteuse hollandaise.*	Metzu	
123		*Le petit Souffleur de bouteilles de savon*	F. Boucher..........	1758
124		*La Charité humaine*.....	L'Albane............	1763
125	1	*Le Rafraîchissement des voyageurs*	Boucher.............	1758
126	2	*Le Berger napolitain*	Boucher.............	1758
127		*La Lanterne magique*....	Pierre	1757
128		*Les Charmes de la vie champêtre*	Boucher.............	1757

Nᵒˢ d'ordre	Sujets des estampes	D'après	Gravé en
129	*Paysannes au bord d'une rivière*	Dietricy	1761
130	*Chasse à l'Oiseau*	Jean Miet	1761
131 } 132 {	*Deux planches d'Anatomie*	de Sève	

SUJETS MYTHOLOGIQUES OU THÉOLOGIE PAYENNE

133	*La Vengeance de Latone.*	Jouvenet	1762
134	*Naissance et Triomphe de Vénus*	F. Boucher	
135	*Vénus et les Grâces au bain*	Boucher	1758
136	*Repos de Vénus et les Grâces au bain*	Raoulx	1758
137	*Jupiter en pluie d'or*	de Troy	
138	*Le Prix de la beauté*	de Troy	
139	*Jupiter et Sémélé*	F. Matthée	1762
140	*Salmacis et Hermaphrodite*	de Troy	1762
141	*Climène essayant les flèches de l'Amour*	Nonnotte	
142	*Vénus et l'Amour*	Boucher	1758
143	*Vénus endormie*	Poussin	1760
144	*Quos ego*	Rubens	1752
145	*Jupiter sous la forme de Diane, amoureux de Calisto*	Poussin	

SUJETS ALLÉGORIQUES

146	*Les Amours en gaieté*	Boucher	1750
147	*L'Amour porté par les Grâces*	Boucher	1758
148	1 *L'Air*	Boucher	
149	2 *Le Feu*	Boucher	

Nos d'ordre		Sujets des estampes	D'après	Gravé en
150	3	*La Terre*..............	Boucher............	
151	4	*L'Eau*................	Boucher...........	
152		*L'Enfant qui joue avec l'Amour*...........	Van Dick...........	1750
153		*Qui que tu sois, voici ton maître, etc.*..........	Coypel.............	1755
154		*La muse Clio*..........	Boucher...........	1756
155		*La muse Erato*........	Boucher...........	1756
156		*La muse Uranie*.......	Jeaurat...........	1756
157		Frontispice d'ouvrage...	Cochin, le fils........	

VUES ET PAYSAGES

158	1	*Les différents Travaux d'un port de mer*......	Vernet............	
159	2	*Le Pélerinage*..........	Vernet............	
160	1	*Première Vue des environs de Dresde, en Saxe*....	Dietricy...........	
161	1	*Rome ancienne*.........	Lallemand..........	1759
162	2	*Rome moderne*.........	Lallemand..........	1759
163	1	*Première vue d'Italie*.....	Patel	
164	2	*Deuxième vue d'Italie* ...	Patel.............	

HISTOIRE

165		*Diogène*..............	Ribeira, dit l'Espagnolet	1752

THÉOLOGIE CHRÉTIENNE

166		Saint Pierre pleurant....	Lanfranc...........	1756
167		Sainte Madeleine........	Allegri, dit le Corrège.	1753
168		La Vierge et l'Enfant Jésus..................	Maratti	1752
169		*Caïn et Abel*...........	Dietricy...........	1761
170		Bénédiction de Jacob....	Boucher...........	
171		*Méditez ces mystères*.....	Frère André........	

Nᵒˢ d'ordre	Sujets des estampes	D'après	Gravé en
172	Vignette d'ouvrage religieux...............	Eisen...............	
173	Sujet religieux, allégorique...............	J. Dumont...........	1737
174	Même sujet, plus petit...	J. Dumont..........	

PIÈCES

INDIQUÉES DANS LE RECUEIL DE LA VEUVE DE DAULLÉ,
MAIS QUI N'ONT PAS ÉTÉ GRAVÉES PAR LUI.

L'École de l'Amitié, nᵒ 9 du recueil ; gravé par DELASTRE, d'après Boucher.

La Jeunesse studieuse, nᵒ 13 ; gravé par LE VASSEUR, d'ap. Greuze.

Le petit Polisson, nᵒ 14 ; gravé par LE VASSEUR, d'après Greuze.

La Chasse au sanglier, nᵒ 16 ; gravé par LE VASSEUR, d'après Vandermer.

Le Mariage de sainte Catherine, nᵒ 35 ; d'après Maratte, fait exécuter par la Vᵉ Daullé.

Erigone, nᵒ 36 ; gravé par LEVESQUES. d'après Deshayes.

L'Amour sur les eaux, nᵒ 37 ; gravé par LE VASSEUR, d'ap. Boucher.

Les Génies de la sculpture, nᵒ 38 ; gravé par LE VASSEUR, d'après Boucher.

Les Amours folâtres, nᵒ 39 ; gravé par AVELINE, d'après Boucher.

Les Fruits du ménage, nᵒ 50 ; gravé par LE VASSEUR, d'ap. Boucher.

Vue d'une Maison de campagne aux environs de Naples, nᵒ 57 ; d'après Vernet, fait exécuter par la Vᵉ Daullé.

Les Pêcheurs à l'ouvrage, nᵒ 58 ; d'après Vernet, fait exécuter par la Vᵉ Daullé.

Imp. Briez, C. Paillart et Retaux.